掌尚文化

Culture is Future

尚文化·掌天下

山西省高等学校人文社科重点研究基地课题（2016320）
"明清晋商万里茶路的金融支持"系列成果

Research on Shanxi Merchant in Ten Thousand Li Tea Road

【晋商研究当代文库】

山 西 财 经 大 学

晋商万里茶路的金融支持研究

张宏彦 著

经济管理出版社

ECONOMY & MANAGEMENT PUBLISHING HOUSE

图书在版编目（CIP）数据

晋商万里茶路的金融支持研究/张宏彦著 . —北京：经济管理出版社，2021.4

ISBN 978 - 7 - 5096 - 7903 - 6

Ⅰ.①晋…　Ⅱ.①张…　Ⅲ.①金融支持—茶叶—对外贸易—中国　Ⅳ.①F752.658.2

中国版本图书馆 CIP 数据核字（2021）第 060054 号

组稿编辑：宋　娜
责任编辑：宋　娜　张鹤溶　詹　静
责任印制：黄章平
责任校对：王淑卿

出版发行：经济管理出版社
　　　　　（北京市海淀区北蜂窝 8 号中雅大厦 A 座 11 层　100038）
网　　　址：www.E-mp.com.cn
电　　　话：（010）51915602
印　　　刷：唐山昊达印刷有限公司
经　　　销：新华书店
开　　　本：720mm×1000mm/16
印　　　张：11.75
字　　　数：211 千字
版　　　次：2021 年 5 月第 1 版　　2021 年 5 月第 1 次印刷
书　　　号：ISBN 978 - 7 - 5096 - 7903 - 6
定　　　价：98.00 元

目录

第一章　晋商茶路经营状况

万里茶路是一条延续了 3 个世纪的跨国贸易商路，晋商从南方多地购买茶叶，北上贩运茶叶，最北到达俄罗斯。在长达万里的茶叶贸易路线上，晋商走到哪里，就把繁荣带到哪里，堪称清代的"一带一路"。

2013 年，万里茶路得到了习近平总书记的高度赞誉，称其为联通中俄两国商贸友谊的"世纪动脉"。俄罗斯人也称其为"伟大的中俄茶叶之路"。

第一节　商路开拓

自古以来，山西人就有远行到外地经商的习惯，"跋涉数千里率以为常"①，民间还有"凡是有麻雀的地方，就有山西人"的说法。山西对外贸易的历史，可以追溯到西汉，《汉书》记载："匈奴自单于以下，皆亲汉，往来长城下。汉使马邑人聂翁壹，间阑出物，与匈奴交易。"②

在誉满中外的"丝绸之路"上，晋商的经营也是非常有名的。山西籍商人也因为经商之道而积累了可观的财富。例如，明朝末年，山西的大盐商和大丝商中就有不少巨富之人，"平阳泽潞豪商大贾甲天下，非数十万不称富"。③ 在这些富商中，也有在国际贸易中获利的。但是，他们也尝尽了长途跋涉的艰苦，有些是以对外贸易为主的晋商，"致富皆在数千里或万余里外"。④

---

① 《太谷县志》，志余。
② 《汉书·匈奴传》。
③ 沈思华：《晋录》。
④ 《五台新志》卷二，"生计"。

明清时期，山西的商业活动进一步活跃。明中盐法对晋商是个极大的鼓励，"扬以流寓入籍者甚多，……明中盐法行，山陕之商麇至"。[①] 他们以山西为枢纽，东到日本、朝鲜，南到南洋各国，西到欧洲，北到俄国，开辟出了多条跨国商路。

其中，在北向的茶叶贸易商路上，山西商人的经营尤为突出，特别是晋商从中国南方收购茶叶后，一路北上运输到俄国的这条漫长的商路，被誉为"万里茶路"。

晋商往北的商路在不同时期有所不同，而且漫长商路的开拓也不是一朝一夕能形成的。从明朝到清朝，数百年的时间里，山西商人从南方采购茶叶，输送贩卖到北方，逐渐形成了后来繁荣了几个世纪的茶路。

一般认为，在北向茶叶贸易的商路中，最为人所熟悉的有三条：去往新疆的茶叶贸易之路，去往蒙古草原的茶叶贸易之路，以及去往俄罗斯的中俄茶叶贸易之路。

一、晋商赴西北边疆贸易商路

清朝时期，晋商大量涌入西北边陲进行贸易。多数人从平遥、太谷、祁县等地出发，走出了两条线路，就是走西口和走东口。

走东口是太原经忻州、大同，转张家口（东口），大的商号会在张家口设立总号，再去往北京、天津、东北、蒙古，在外蒙设立分号会选在库伦（今乌兰巴托）。走东口的晋商也被叫作"东路商"。

走西口是从太原经忻州、朔州、右玉，出杀虎口（西口），到归化城（今呼和浩特）。这些商人常常在包头和呼和浩特设立总号，然后赴陕西、甘肃、青海、新疆等地。

晋商西北茶叶贸易之路，最远目的地就是新疆，山西商人把茶叶卖给新疆当地人，再从新疆运回白银、鹿茸、金砂、葡萄干、瓜果等。《清宣宗实录》记载："新疆回夷口食，茶粮最关紧要。"[②] 可见新疆当地人对晋商贩运来的茶叶、粮食的迫切需求。

在新疆，晋商有商号、银号，还经营饭庄和运输业，山西人经营的制作醋、酒、油的作坊也很常见。伊宁县有一个地区甚至有"小祁县"的说法，因为当

---

① 嘉庆《江都县续志》。
② 《清宣宗实录》卷七一，道光四年七月甲辰。

地人多数是祁县商人后裔。

二、晋商对蒙贸易商路

自秦汉以来，中原汉民族和北方游牧民族的往来越来越频繁，虽然历史上也有对峙和战争，但是也有频繁的贸易往来。晋商是活跃在这条商路上的主要力量。山西的商人把中原的商品，诸如绸缎、布匹、茶叶、糖等运到草原，再换回蒙古人的绒毛、皮毛以及各种牲畜等。

《明史·食货志·茶法》里说，"番人嗜奶酪，不得茶，则困以病。故唐宋以来，行以茶易马法，用制羌、戎，而明制尤密。有官茶，有商茶，皆驻边易马"。雍正《四川通志·茶法》"番人之不能不用茶，犹华人之不能不用盐。"到了清朝，中原稳固，蒙古归附，朝廷在长城以北设立了大量马场，清朝政府的马匹需求能够得到充分满足，也不再靠茶马贸易来换取马匹。雍正末年，朝廷取消了茶马贸易，也就不再限制对少数民族地区的茶叶贩卖。于是，清政府对茶叶在少数民族的销售上采取了开放态度，茶叶贸易大为扩展。渐渐地，官茶生意就变成了商人贸易。于是，清朝的茶叶贸易比起前朝有了很大的发展。清朝时期茶叶的边区销售以蒙藏为主，而晋商在蒙古茶叶贸易上占据了主导。

明代，山西大同进行着有名的茶马互市，大量的茶叶及其他商品，被晋商输送到蒙古。[①] 光绪年间，很多晋商去到归化做生意，"本邑缸油布当粟庄多系代州、崞县寄民，而土著之民合伙贸易于邑城者甚少，大半皆往归化城，开设生理或寻人之铺以贸易，往往二三年不归。……且有以贸易迁居大半，与蒙古人通交结，其利甚厚。故乐于去故乡而适他邑也"。[②]

晋商能在万里茶路上成功经营，并非山西盛产茶叶，而是因为山西与广阔的茶叶消费区相邻。尤其是蒙古地区的牧民们，他们终日以肉为食，后来发现，饮茶可以解油腻、助消化，他们就学会了"以茶养生"。然而蒙古地区不产茶叶，所以就只能长期依赖邻近的山西商人贩运茶叶过来。当时蒙古人常说："宁可三日无粮，不可一日无茶。"对茶叶的依赖可见一斑。《清圣祖实录》也记载："蒙古地方及西藏人民，皆籍茶养生。"[③]

《贸易报告》指出："还有大量的茶叶由陆路运往西伯利亚和蒙古。……运

---

① 渠绍淼，庞义才. 山西外贸志［M］. 太原：山西省地方志编纂委员会办公室，1984：31.
② 光绪《左云志稿》。
③ 《清圣祖实录》卷二八三，康熙五十八年二月癸酉。

往归化供蒙古销售的花茶，是经由汉水运至樊城以上约50英里的另一名为老河口的大市镇，从老河口以骡子和大车运往山西省靠长城口外一个重要城市归化，然后由归化分销于蒙古全境。"①

三、晋商赴俄万里茶路

笔者此处重点探讨最为艰苦，也最为人称道的中俄万里茶路。

山西商人对北方贸易之路的开辟从汉朝就开始了。到了元代，横跨欧亚的大帝国建立，这条商路得到了进一步延展。当时，俄国与中国北部建成了完备的驿站，当时俄国的一位修道士记载："1246年同自己的伴侣一起，从伏尔加河上的拔都的宫帐，沿着乌尔顿到蒙古的大汗京城去，每天换马五次。"②

由此可见，1246年前，中俄交通驿站就已经建立起来了，这为晋商北路贸易提供了便利。

到了明代，在山西大同的茶马互市中，大量来自中原汉地的商品流入蒙古，而其中一部分商品辗转被输入俄国。俄人林士奇记述，在俄国个别地方，16世纪就出现了砖茶。③

到了清代，清朝政府结束了内地与北方游牧民族的对峙，政权归于一统，商路就重新恢复了顺畅。同时，在山西商人的不断开拓下，万里茶路就成了中国商品输入欧洲的重要国际贸易商路。"万里茶路"的开辟，是继"丝绸之路"后的另外一条中国商人主导的跨国商路。

不过，晋商万里茶路的开辟也不是一蹴而就的，需要有政策层面的支持。清代康熙年间，《尼布楚条约》签订，第5条规定："自和约已定之日起，凡两国人民持有护照者，俱得过界来往，并许其贸易互市。"这为中俄和平的商业往来奠定了基础。但由于各种原因，中俄贸易规模还比较小，没有形成很大影响。

雍正五年（1727年），中俄两国签订《恰克图条约》，规定了两国互市条约。《恰克图条约》第4条规定："按照所议，准其两国通商。既已通商，其人数仍照原定，不得过二百人，每间三年进京一次。除两国通商外，有因在两国交界处所零星贸易者，在色楞额之恰克图、尼布朝之本地方，择好地建盖房屋，情愿前往贸易者，准其贸易。"

---

① Commercial Reports, 1872, Part I, P.124.
② 伊·米·迈斯基：《革命前夜的蒙古》，"运输"一节。
③ 渠绍淼，庞义才. 山西外贸志 [M]. 太原：山西省地方志编纂委员会办公室，1984：31.

雍正八年（1730 年），清政府正式批准中国商人在国界以南建设商城。库伦的晋商迅速集结北上，"建立木城，起盖房屋，费力无多，颇为坚固"，形成了"中国市圈"，当时清政府的理藩院在此设立监督官员一人。

何秋涛在《朔方备乘》里谈道："（俄罗斯）最珍贵者皮货，如狐、貂、海龙、骆驼绒、洋灰鼠之类，专以供中国之用……彼以皮来，我以茶往。"[①] 中俄茶叶贸易后来就演变为"皮茶贸易"。

由于大量的商品运输，晋商对俄贸易商帮需要准备大量的运输工具，当时的陆路运输是以畜力为主的，马匹、牛、骆驼就成为运输主力，当时还有"驼帮""车帮"，这些都是茶路形成的必备要素。

万里茶路形成于清朝，由山西茶商从南方产茶地收购茶叶，然后走水路、陆路，行走数千千米，到达中俄边境。以武夷茶贩运为例，从福建武夷山到俄国恰克图，行程超过 1 万里。

万里茶路不是短期内开拓出来的，而是晋商不断地努力、摸索，才一步一步走出来的。多数成功晋商的商路拓展都经历了一个循序渐进的过程。很多晋商都是先在省内经营，再到九边重镇贩卖商品，最后到张家口、归化，逐步走向库伦、恰克图等地，形成一个商业网络。

第二节　万里茶路形成的多方原因

除了前面提到中俄双方政策面对两国互市的推动，茶叶贸易的兴盛还有其他方面的原因。

一、清代茶叶产业兴盛

（一）茶叶种植增长的客观原因

清代人口大规模增长，到乾隆时期，人口从 1 亿发展到 3 亿，然而土地却无法大量增加，因而剩余劳动力开始谋求其他发展途径，如茶叶种植。无地或少地的人开辟山区丘陵等不适合种植粮食的地方来种茶。[②]

---

① （清）何秋涛：《朔方备乘》卷 37，第 42~43 页。
② 杜家骥. 杜家骥讲清代制度［M］. 天津：天津古籍出版社，2014：218.

(二) 清代税收政策对茶叶行业的推动

种茶者免税。乾隆《大清会典》卷十七《户部·杂赋》有载："凡山乡宜茶之地土，人树艺为业者，无征。唯商贾转运而售之民者，征其商，曰茶课。"而宋朝、明朝时期种茶户是要交税的，也就是"茶课"。

(三) 政府管理的放松

明朝茶法非常严厉，《明律》有这样的规定："私茶出境与关隘失察者，并凌迟处死。"

虽然清代也推行茶叶专卖制，商人贩卖茶叶需要有茶引，没有持有茶引而贩卖茶叶的叫"私茶"。但是政府对"私茶"的管理上比前代都相对松懈，对私茶的稽查也不太严格，有利于商人在各地随时贩卖茶叶，而且清代不再实行边茶贸易的官方垄断，这是与明朝不同的地方。官茶变商茶，促进了对边疆地区的茶叶销售的灵活性和开放性，茶叶贸易因此得到大幅增长。

二、茶叶外部需求形成和增长

17世纪，我国已有茶叶出口。英国人偶然发现茶叶可解荤腥油腻，便开始推广饮茶之风，乃至后来英国有了"下午茶"文化。

俄国也是从17世纪开始，有俄国使团从北京带回茶叶奉献给俄国皇室，饮茶之风从皇室开始，向民间普及。俄国人发现饭后饮茶会感到舒适，并渐渐地被茶叶的清香、甘醇而征服，喜欢上了茶叶的味道。

尤其是以肉食为主的西伯利亚游牧民族对茶叶需求更盛，茶叶的口味和茶叶对化解肉食油腻的实际作用，都让他们对饮茶形成依赖。

起初，外国人不懂种茶，只能从中国购买茶叶。尤其是俄国与中国毗邻而居，在划定边界后，发展边境贸易，从中国商人手里购买茶叶，就成为他们的迫切需求。

而且，俄国商人不只是把茶叶销售到俄国境内，还转卖给欧洲其他国家获利。当时有人指出："在茶叶上俄国人赚到了最大的利润。……所有亚洲西部的游牧民族均大量饮用砖茶，……俄国人便因此大获其利。可以说，他们握有茶叶贸易的垄断权。"[1]

---

① J. F. Davis. China During the War and Since the Peace, Biblio Bazaar, 2008: 93-98.

三、晋商的辛苦经营与开拓

在中俄茶叶贸易之路上，基本都是晋商。山西茶商深入福建、两湖等产茶地区收购茶叶，在当地投资设厂，把茶叶加工成俄国人喜欢的砖茶，之后运往俄国恰克图。沿途经过福建、湖北、湖南、江西、河南、山西、河北等地，之后到张家口或归化，再去往库伦、恰克图。有水路就采用船运，旱路就使用车载、驼运，无论春夏秋冬，都有山西商队在商路上繁忙。

路履仁在《外蒙古见闻记略》中，对买卖城的大字号在各街巷的分布进行了描述：

横街（东西向）有福源德、天和兴；

中巷子（南北向）有大升玉、恒隆光、锦泰亨、久成兴；

东巷子（南北向）有独慎玉、永玉亨、天庆龙、祥发永；

西巷子（南北向）有公和盛、璧光发、永光发、大泉玉。

这些是这位赴俄留学的先生记忆中的部分商号，其他商号还有：大美玉、大德玉、大珍玉、永和玉、大盛魁、锦泉涌、兴泰隆、万庆泰、公和复、公和盛、火成庆、广余泰、复沅德、万盛永、永玉亨等。①

在这条茶路上，尤其是平、祁、太的商人占了多数（见表1-1）。

表1-1　平、祁、太著名茶庄②

茶庄名称	创立时间	创办人	字号地址
长顺川	乾嘉年间	渠映璜	祁县城
长盛川	咸丰年间	渠映璜	—
长源川	乾嘉年间	渠映璜	祁县城
长裕（玉）川	咸丰年间	渠家	祁县城
巨贞川	—	—	祁县城
巨贞和	—	—	—
大玉川（三玉川）		大盛魁投资	祁县城
永聚祥		祁县何家	祁县城
大德诚	—	乔家投资	祁县城

① 赵荣达. 晋商万里古茶路 [M]. 太原：山西古籍出版社，2006：23.

② 史若民，牛白琳. 平、祁、太经济社会史料与研究 [M]. 太原：山西古籍出版社，2002：134-135.

续表

茶庄名称	创立时间	创办人	字号地址
大德川	—	榆次常家	祁县城
大德兴	咸丰年间	乔家投资	祁县城
宝巨川	—	祁县张怀谦、阎寿山	祁县城
天恒川	民国十六七年	祁县阎维芳	祁县城
巨盛川	—	大盛魁投资	祁县城
亿中恒	—	乔家投资	祁县城
合盛元	嘉庆年间	郭源逢等	祁县城
福生达	1888 年以前是茶庄，后改为票号	乔兰生	祁县城
大德玉	1727 年	榆次常家	恰克图
大升玉	1826 年	榆次常家	恰克图
大升玉	—	—	张家口
大泉玉	1842 年	榆次常家	恰克图
大泉玉	—	—	张家口
大美玉	1867 年	榆次常家	恰克图
独慎玉	1880 年	榆次常家	恰克图
独慎玉分号	—	榆次常家	莫斯科
大昌玉	1882 年	榆次常家	汉口
锦泉涌	乾嘉之际	太谷北洸曹家	恰克图
锦泰亨	乾嘉之际	太谷北洸曹家	恰克图
三晋川	—		临湘桃林
大涌玉	—	榆次常家	聂家市
大涌玉	—	榆次常家	临湘横溪
怡和	—	—	临湘横溪
怡和	—	—	监湘五里牌
晋裕川	—	—	临湘横溪
晋裕川	—	—	聂家市
兴隆茂	—	—	临湘五里
天顺长	—	—	临湘五里
兴华	—	—	临湘羊楼司
顺记	—	—	羊楼司
顺记	—	—	聂家市
新记	—	—	聂家市
德泰隆	—	—	临湘五里牌

茶庄名称	创立时间	创办人	字号地址
和　记	—	—	临湘清水溪
义　兴	—	—	临湘百里畈
义　兴	—	—	临湘横溪
义　记	—	—	临湘桃林
瑞和祥	—	—	羊楼司
德　泰	—	—	羊楼司
乾丰和	—	—	临湘滩头
春生利	—	—	临湘滩头
春生利	—	—	临湘五里牌
德生祥	—	—	临湘云溪
德裕昌	—	—	临湘五里牌
祥发永	—	—	张家口
广全泰	—	—	张家口
广全泰	—	—	库伦
恒隆广	—	—	张家口
公和全	—	—	张家口
祥发源	—	—	北京丰台
祥发源	—	—	汉口
公和全	—	—	张家口

第三节　晋商茶叶经营发展及路线演变

一、中俄万里茶路发展大致历程

一般认为，从 1727 年《恰克图条约》签订后，中俄茶叶贸易开始。但实际上，在此之前，晋商就已经有过零星的中俄茶叶贸易了。据《武夷山志》记载："康熙十九年（1680 年），山西茶帮、江西茶帮，经过数度与俄商货物交换接触，获得厚利。"虽然当时正规的边贸尚未开始，但两国的贸易已经开始，虽然规模还比较小。

1727 年，中俄签订恰克图条约。正式确定，允许中俄商人在恰克图进行边境贸易。在早期的恰克图贸易中，中国输往俄国的产品主要是"中国布"、糖、烟草，还有一些茶叶。当时，出口量最大的是棉织品、丝织品、生丝、烟草、冰糖、茶叶、八角茴香和帷幔等。到了 18 世纪末，中国输往俄国商品发生了明显变化，茶叶的比例迅速增加。

中国的很多种茶叶在俄国都很受欢迎。例如，西伯利亚人喜欢黑色的砖茶；哈萨克人和吉尔吉斯人则喜爱绿茶；白毫茶在俄国全境都有销路。茶叶慢慢变成了俄国家庭必备的饮品。

19 世纪初的 30 年，茶叶交易占据着恰克图贸易的核心位置。1825 年，俄国经恰克图进口茶叶达到 480 万卢布，占到了进口中国商品总额的 87.8%。于是，恰克图贸易的主要部分就成了茶叶贸易，而俄国人换取茶叶的主要特产就渐渐成了毛皮。于是，恰克图贸易就发展为"皮茶贸易"。

从表 1-2 中可以看出，俄国进口中国茶叶的数量在 30 年内有了很大的上涨，与 19 世纪初比，1821~1830 年俄国进口中国茶叶数量翻了一番。日本学者吉田金一研究俄国和中国清代的贸易，统计中国输往俄国的货物，也得出了类似的结论（见表 1-3 和表 1-4）。

表 1-2　1802~1820 年俄国恰克图进口茶叶量 　　　　　单位：千普特

时间	茶叶平均进口量	时间	茶叶平均进口量
1802~1810 年	75076	1821~1830 年	143196
1811~1820 年	96145	—	—

资料来源：米·约·斯拉德科夫斯基. 俄国各民族与中国贸易经济关系史（1917 年以前）[M]. 北京：社会科学文献出版社，2008：221.

表 1-3　中国输往俄国的主要货物额（年均）[1]

货物名称	1802~1807 年		1812~1820 年		1821~1830 年		1831~1840 年		1841~1850 年	
	货物额（千卢布）	比例（%）	货物额（千卢布）	比例（%）	货物额（千卢布）	比例（%）	货物额（千卢布）	比例（%）	货物额（千卢布）	比例（%）
棉织品	2316.0	46.3	1175.9	22.8	504.3	7.5	165.8	2.1	35.7	0.9

---

[1] 吉田金一. 关于俄清贸易 [M] //刘建生，刘鹏生. 山西近代经济史. 太原：山西经济出版社，1995：84.

续表

货物名称	1802~1807 年		1812~1820 年		1821~1830 年		1831~1840 年		1841~1850 年	
	货物额（千卢布）	比例（%）	货物额（千卢布）	比例（%）	货物额（千卢布）	比例（%）	货物额（千卢布）	比例（%）	货物额（千卢布）	比例（%）
绢	14.0	0.3	10.6	0.2	15.2	0.29	13.6	0.2	2.0	0.2
绢制品	105.2	2.1	74.3	1.4	107.7	1.6	228.2	2.8	99.4	1.5
茶	2165.3	42.3	3838.0	74.3	5953.5	88.5	7551.1	93.6	6218.4	94.9
冰砂糖	61.6	1.2	64.4	1.2	65.3	1.0	59.6	0.7	70.2	1.1

表1-4　俄国输至中国的主要货物额（年均）[1]

货物名称	1802~1807 年		1812~1820 年		1821~1830 年		1831~1840 年		1841~1850 年	
	货物额（千卢布）	比例（%）	货物额（千卢布）	比例（%）	货物额（千卢布）	比例（%）	货物额（千卢布）	比例（%）	货物额（千卢布）	比例（%）
毛皮类	1406.7	29.9	2584.7	46.6	3265.2	48.6	2997.5	36.9	1559.2	24.0
俄国皮革	252.3	5.5	263.1	5.0	372.2	5.4	314.1	3.9	204.2	3.2
其他皮革	153.4	4.0	337	6.4	545.2	8.2	472.4	5.8	221.4	3.4
毛织品	26.1	0.6	463.9	8.8	1033.2	15.3	2481.5	30.6	2835.8	43.7
棉织品	—	—	77.0	1.5	389.2	5.7	971.5	12.0	1209.2	18.6
亚麻制品	37.3	0.8	124.1	2.4	154.9	2.3	227.4	2.8	155.6	2.4
家畜	43.7	0.9	47.9	0.9	57.4	0.8	—	—	—	—

　　由于种种原因，恰克图市场曾经数次关闭，但在双方商人的努力推动和政府的磋商后，市场又重新开放。

　　自同治年间起，由于种种原因，晋商在茶路的经营越来越艰难，晋商对俄国的茶叶贸易逐渐减少。同治五年，俄国照会提道："恰克图通商，日见衰败，中国茶行字号，百二十家仅存十家。"同治七年，"目前在买卖城中只剩下四个老的山西行庄了"。[2]

　　由表1-5中可以直观地看到，19世纪后半叶，恰克图贸易逐渐减少。在1917年俄国十月革命后，政治动荡导致商业秩序破坏，甚至商人的安全都无法

---

　　① 吉田金一.关于俄清贸易［M］//刘建生，刘鹏生.山西近代经济史.太原：山西经济出版社，1995：84.

　　② 《筹办夷务始末》卷五十七，同治朝。

保障，恰克图贸易从此彻底萧条，跨越 3 个世纪，经营约 200 年的中俄万里茶路告以终结。

表 1-5　1851~1885 年恰克图边境贸易情形①

时间	由俄入华货物年平均贸易额（千卢布）
1851~1855 年	99272
1856~1860 年	8306
1861~1865 年	5585
1866~1870 年	4635
1871~1875 年	3984
1876~1880 年	2487
1881~1885 年	2126

二、晋商经营茶叶种类及万里茶路的路线变迁

山西不是产茶区，晋商经营茶叶贸易，是到南方的产茶区收购茶叶，然后一路走水运、陆运，把茶叶运到西北、蒙古国、俄罗斯等地。

茶路的起点是三个著名的产茶区：福建武夷山、湖北羊楼洞和湖南安化，终点最远到达俄罗斯恰克图。万里茶路线路的重大变迁分水岭是 19 世纪 50 年代的太平天国运动对运输路线的影响。雍正、乾隆年间，万里茶路起点是福建武夷山，咸丰以后，就是湖北羊楼洞和湖南安化。

（一）武夷岩茶经营及万里茶路早期线路

1. 晋商经营武夷岩茶

万里茶路经营早期，茶路起点为武夷山。山西茶商在下梅、赤石收购武夷茶，运往恰克图，行程上万华里。

最初，山西茶商是选择武夷山下梅村作为采茶地。后来，山西商人放弃下梅，把购茶地改为赤石。《崇安县志·物产篇》记载："道光咸丰年间，下梅废而赤石兴，盛时每日竹筏三百张，转运不绝。红茶、青茶由山西茶客到县来采办，运往关外销售。一水所通，运费节省，故武夷之利，较从前不啻仅蓰（蓰，

---

① 米镇波.清代中俄恰克图边境贸易 [M].天津：南开大学出版社，2003：164.

5 倍之意）。"

其实，江南产茶地有十多个省，为什么万里茶路初期，晋商选择了武夷山茶叶，这与武夷山特殊的地理、气候条件，以及茶叶生长情况有密不可分的联系。

福建多山，当地有"八山一水一分田"的说法，这就为武夷岩茶的生长提供了条件。茶树生长在岩缝中，但由于武夷山得天独厚的自然条件，使这里出产的茶叶口味独特。武夷岩茶属于半发酵的青茶，既有绿茶的清香，又有红茶的甘醇，负有盛名的"大红袍"更是茶叶中的精品。武夷岩茶不仅得到国内消费者的喜爱，也获得了俄国消费者的青睐。

清代衷干的《茶市杂咏》中描述："清初茶市在下梅，附近各县所产茶叶，均集中于此……清初茶叶均系西客经营，由江西转河南，运销关外。西客者山西商人也，每家资本约二三十万至百万。货物往返，络绎不绝。首春客至，由行东赴河口欢迎。到地将款及所购茶单点交行东，恣所不问。茶事毕，始结算别去。"

我们可以看出，当时的下梅，经营茶叶的都是晋商，而且山西商号资本规模很大，对当地的影响力也很大。

茶市繁忙的时候，下梅村几乎没有闲人，村民基本都参加到茶叶活动中。据传，当时的情况"每日行筏三百艘，运转不绝"。

2. 万里茶路早期线路

万里茶路最初的路线大致是这样的：全程可分为三段：南段是从福建武夷山到河南赊旗，主要运输方式为船运；中段是河南到河北张家口，主要运输方式为车载；北段从张家口到俄国恰克图，主要运输方式为驼运。

19 世纪 50 年代，也就是咸丰中叶，太平天国运动攻陷了南方部分地区，由于战争频发，长江水路运输一度中断，以武夷山为起点的茶路无法继续经营。

（二）两湖茶叶经营及万里茶路变迁

由于以武夷山为起点的茶路中断，山西茶商亟须寻找优质的替代茶叶，开辟新的茶路经营模式。于是，晋商把目光集中在了两湖茶叶上，便有了后来的湖南安化、湖北羊楼洞为起点的新茶路。

李希霍芬描述说："这种砖茶来自湖北和湖南，从汉口经樊城和赊旗镇至山西，再经过潞安府、沁州和太原府。在距大同西南 34 英里处分为两路：一部分茶叶直接运往归化，另一部分运往张家口。"①

选择两湖茶山种茶、收茶，使山西茶商得到了更为稳妥的茶源，而且还把茶路缩短了约千里之多，节省了时间，茶商能够得到更多获利。

1. 羊楼洞砖茶

关于湖北羊楼洞种茶史，说法不一。其中一种说法是，该地唐朝时候就有种茶记载，《临相县志》记载："早在唐太和年间，龙窑山的人民便开始培育茶树。尔后，历代茶农在生产劳动中，悉心考研，植艺愈精。"

另一种说法是，山西等地茶商考察得出该地适宜种茶，就教会当地居民种植茶叶。戴啸洲的《湖北羊楼洞之茶叶》一文中描述："前清咸丰年间，晋皖茶商往湘经商，该地为必经之地。茶商见该地适于种茶，始指导土人，教栽培及制造红、绿茶之法。"②

这两种说法哪一种更加可信，笔者不便做简单结论。但是，可以分析得出的是，即便是羊楼洞历史上曾经种植茶叶，但种茶规模是比较小的，可能是自产自用。因为在晋商开辟万里茶路新茶源之前，羊楼洞并没有作为产茶地而闻名于世。由于晋商茶源变迁才使羊楼洞茶叶闻名遐迩。

在羊楼洞茶叶贸易鼎盛之时，茶庄有70多家，年产红茶15万担（750万千克）。茶叶贸易带动了当地的发展，并改变了当地人民的生产方式。光绪年间，附近的耕地将近一半都成了茶园。③晋商销往俄国的羊楼洞茶叶主要是青砖茶。

羊楼洞因万里茶路拉动发展，同样也因为茶路的衰败而萧条。民国以后，该地的茶叶贸易逐渐萎缩。

2. 安化茶叶

安化位于湖南中部，全县多为山区。此地虽然多山，但山区海拔不高，加之气候湿润，十分适于种植茶叶。

自古以来，这里就有野生茶树，自元代开始人工种植，清代以后有了专门的茶农，但在晋商介入之前，茶叶经营在当地并没有产业化，即便是当地茶农也常常在茶园中间种其他作物。

19世纪50年代后，晋商开始把安化作为茶源地，当地的茶叶种植才真正

---

① F. von Richthofen: Letters from Baron Richthofen, p. 13.

② 戴啸洲. 湖北羊楼洞之茶叶 [J]. 国际贸易导报，1936（5）：5.

③ 常士宣，常崇娟. 万里茶路话常家 [M]. 太原：山西经济出版社，2009：73.

开始突飞猛进地发展。据当地的资料显示，清咸丰四年（1854 年），全县产红茶 10 万箱，所有茶种共计产量约 81375 担，相当于 400 万千克。此后，安化茶叶种植发展迅速，到了光绪年间，茶叶年产量超过 1000 万千克①。

1917 年俄国十月革命后，恰克图边贸停业，晋商对外茶叶贸易遭到重大打击，纷纷撤离安化，因此当地茶叶产量迅速下降。

以上的茶叶运输路线只是大致的路线，事实上，茶路也不是一成不变的，在中间运输段，茶商也会选择不同的路线。1872 年的《商业报告》记载："这种茶叶由汉口运往距汉口约 350 英里的一个大市镇樊城，在樊城起岸后，装大车运往张家口，运往归化厅（今呼和浩特市）供蒙古销售的茶叶是经由樊城以上另一名为老河口的大市镇，从老河口以骡子和大车运往山西归化厅，然后由归化厅分销蒙古全境。"② "也有相当数量的茶叶先经汉水一段路程，然后再从陆路运往西伯利亚等地。"③

"汉口装船运至天津，循陆路经恰克图运往西伯利亚；还有一条由汉口运至樊城，再转为陆运。"④

（三）张库大道

张库大道即从张家口到库伦的茶叶贸易之路。库伦，即现在蒙古国首都乌兰巴托。库伦在万里茶路上位置很重要，民国七年（1918 年）《库伦商业金融调查记》记载，"查库伦距恰克图七百余里，距乌里雅苏台二千一百里，距张家口二千八百余里，前清均有驿站，恰计十二站，乌计三十六站，张计四十八站，每站六十里，期间赛尔河苏有驿传道，即乌里雅苏台张家口分道之地点"。"库伦商务，由历史上考察，冠绝外蒙，惟与外界交通，甚为不便。由库至恰，……至乌至张，以驼脚牛车运送货物，是以商旅苦之。"⑤

在恰克图市场未开放之前，晋商的中俄茶叶贸易之路主要是经色楞格、库伦，再到张家口，之后进入京城。恰克图市场建立后，库伦仍是中俄万里茶路上重要的商业中心，也是茶叶贸易的一个重要集散地。《内蒙地志》记载，在康熙年间，晋商在库伦经营的商号就有 12 家。离库伦不远的恰克图开市后，常

---

① 常士宣，常崇娟. 万里茶路话常家 [M]. 太原：山西经济出版社，2009：81.
② Commercial Reports, 1872, Part Ⅰ, P. 124.
③ Commercial Reports, 1877, Hankou, P. 66.
④ 姚贤镐. 中国对外贸易史资料（1840-1895）[M]. 北京：中华书局，1962：1283.
⑤《库伦商业金融调查记》，载《银行周报》第 2 卷第 22 号、23（连载），1918 年 6 月 11 日、18日。

年在库伦经营的山西商人就占据了优势。

张库大道其实也是万里茶路中的一段，但是因为这一段路程运输量大，业务规模大，故而格外知名，常常被单独提及。

张家口去往恰克图四千三百华里，到库伦则有二千八百华里。[①] 从张家口去库伦，夏秋两季（6月至11月）一般通过牛马运输，冬春（11月至次年5月）通过骆驼运输。

如果是马队运输需要大约四十天，每匹马可驮运八十公斤左右的货物；牛车速度较慢，需要大约六十天，牛车可载二百五十公斤左右的货物。骆驼时速可以达到五公里，能驮二百公斤货物，日行四十公里，三十五天左右可以到达库伦[②]。如果比较速度，驼运比牛马都快，载货量仅次于牛车。再加上骆驼耐干旱，适应沙漠行走，被称为"沙漠之舟"，成为张库大道上的主要运输工具，格外受到茶商们的青睐。

1903年，西伯利亚铁路通车，中俄商品运销改为由海参崴转口进行，这对恰克图贸易是致命打击，同时也严重影响到了张库大道运输。后来因为政治动荡，外蒙运输线路改道等原因，张库大道渐渐退出历史舞台。

第四节　晋商在万里茶路上的特殊地位

万里茶路经营的几个世纪里，晋商一直占据恰克图并长期垄断中俄茶叶贸易。恰克图的买卖城刚开市的时候，第一次参加贸易的中国商人只有四顶帐篷，全是山西商人。

《益闻录》提道："在对俄海上贸易开始之前，这种极为发达、极为巨大的茶叶贸易，是由山西商人经营的。大部分的茶叶经由恰克图运往俄国市场。"[③]

其实，山西商人到南方贩运茶叶向全国各地乃至其他国家输送由来已久，"（浙江）建德为产茶之区，……向由山西客贩至北地归化城一带出售"。[④]

---

① 中国人民政治协商会议河北省张家口市委员会文史资料研究委员会. 张家口文史资料（第十三辑）[M]. 张家口：张家口日报社，1988：25.

② Commercial Reports, 1877, Hankou, P. 66.

③ Commercial Reports, 1872, Part Ⅰ, P. 124.

④ 《益闻录》，光绪九年，参见张正明，薛林. 明清晋商资料选编 [M]. 太原：山西人民出版社，1989：123。

在恰克图的晋商商号有：大升玉、独慎玉、大德玉、天和兴、福源德、亨隆光、锦泰亨、大成兴、永玉恒、天庆隆、祥发永、永光发、大泉玉、璧光发、大美玉、锦泉涌、大盛魁、兴泰隆、公和盛、万庆泰、公和浚、万盛永、永玉亨、大成庆、广全泰、永和玉、大珍玉等。[1]

当事人评价说："其内地商民至恰克图贸易者，强半皆山西人。"[2]

路履仁在《外蒙古见闻纪略》中提到："恰克图……都是晋帮商号……各商号在莫斯科、多木斯克、耶尔古特斯克、赤塔、克拉斯诺亚尔斯、新西伯利亚、巴尔纳乌、巴尔古金、比西克、上乌金斯克、聂尔庆斯克等俄国较大的城市，都设有分庄。"[3]

在中俄万里茶路上大多数的时间段，几乎都是晋商在经营，这其中有多方面的原因。

一、地理交通条件优势

为什么是山西人走出了万里茶路？这跟山西所处的特殊地理位置是大有关系的。山西自古就有"表里山河"的美誉，而山西人也素有经商的传统，这跟山西的特殊地理位置有很大的关系。综观中国地形，山西地处中原腹地，既是陆路贸易的枢纽之地，也是民族边界。这里是汉民族和少数民族生活区域的交界之处，也是农耕文明和游牧文明的碰撞之处。由于不同民族出产的产品不同，因而导致商品交易需求较强。

从南至北的茶叶之路经过蒙古草原和沙漠，由于蒙古草原相对地势平坦，商人们可以节约运输成本，山西地处中原，正处在多条商路交会之处，这就使晋商在这条贯穿南北的茶路上独占优势。

二、传统优势

山西自古出商人，这是个客观事实。山西地处中原，又是民族边界，历史上就有远行经商的传统，其最早可以追溯到春秋时期。晋国人为了获得财富，采取了"轻关、易道、通商"等政策，极大地促进了商业发展，当时的富商

① 孔祥毅．晋商学［M］．北京：经济科学出版社，2008：51.
② 何秋涛：《朔方备乘》卷37，18页。
③ 路履仁．外蒙古见闻记略［M］//中国政协文史资料委员会．文史资料选辑．北京：文史资料出版社，1979.

"其财足以金玉其车"，甚至"能行诸侯之赂"。①

元代，山西的商业城镇扩大，经商者也不断增加，《马可波罗游记》记载，"这里的商业相当发达，……商人遍及全国各地，获得巨额利润"。② 到了明清时期，山西人外出经商者有增无减，到清朝，甚至有人称晋商为"海内最富"。

三、人口增长与土地利用的矛盾性导致部分人弃农经商

明清时期，山西相对比较稳定，成为人口大省。说起来，这跟山西的地理位置有关系，山西凭借相对封闭的地理优势，受到战火影响相对较少。

而其他一些地区在元末经历了十余年的战争，人口损耗严重。"中原诸州，元季战争受祸最残，积骸成丘，居民鲜少。"③

明朝时候还有过"洪洞大槐树"移民，多次把山西的人口分散到一些经历了战乱、瘟疫而人口大幅减少的地区。可即便经过了明初的移民，山西的人口还是不断增长。

耕地是有限的，人口不断增长，意味着人均耕地面积的减少。明洪武十四年，政府披露的人口数据显示：山西有户 56240，人口 4030454；北平有户 338517，人口 1893403，陕西人口数量比两个北平都多。④

现代学者研究发现，山西当时人口密度为每平方千米 27.81 人，而北平的人口密度为每平方千米 14.23 人，比较之下，山西人口密度是北平的几乎 2 倍⑤。当时的山西是全国典型的人稠地狭之区域。

然而，中国在元代以后科技进步就变得缓慢了，农业科技创新也变得滞后，很多地方还在用着唐代发明的曲辕犁，这就意味着农业生产增长率得不到提高。

当人口增长超过了粮食生产的增速，有限的土地就无法养活人口。剩余劳动力就只能寻求其他谋生途径，那些缺乏土地的人民，就必须找其他的"饭碗"，比如经商。于是明清时期，山西的商业就开始迅速发展起来。

"哥哥你走西口，小妹妹我实在难留。"《走西口》这首民歌就反映了山西人为了求生计，被迫背井离乡的现象。

咸丰时期的《汾阳县志》描述："晋省天寒地瘠，生物鲜少，汾阳尤最。

---

① 《国语·晋语八》。

② 《马可波罗游记》，第 37 章，福建科学技术出版社 1981 年版。

③ 中央研究院历史语言研究所. 明实录 [M]. 北京：中华书局，1990：2670.

④ 中央研究院历史语言研究所. 明实录 [M]. 北京：中华书局，1990：2217.

⑤ 梁方仲. 中国历代户口、田地、田赋统计 [M]. 上海：上海人民出版社，1980.

人稠地狭，岁之所入，不过秫麦谷豆。此外一切家常需要之物，皆从远省商贩运而至。"①

所以，"晋省以商贾为重，非弃本而逐末。土狭人满，田不足于耕也……致富在数千里，或万余里外"。②

人口迁徙打破了山西人以往守家在地的理念，越来越能够接受到外地讨生活的方式，也逐渐形成了以经商为荣的风气。

20世纪30年代，刘选民在《中俄早期贸易考》中评述说："自内地赴恰克图贸易之商人，泰半为山西人。然山西人之足迹不仅限于恰克图，即新疆、满、蒙诸地之贸易，鲜不为彼等所垄断；盖以山西地味瘠薄，气候干燥，不宜于发展农业，故多有远离乡土除外贸易者。"③

四、晋商精神

(一) 不畏艰苦

漫长的茶叶贩运之路上，有很多气候及地理条件非常恶劣的地方。以库伦为例，库伦地属高远，接近崇山，常年气候寒冷，春季冬季常有大雪，秋季有时也会降雪，夏天也比较短暂，而且雨水稀少，有大风。恰克图是人迹罕至、气候寒冷的地方，去往恰克图的商路气候也是极其恶劣。

从南方产茶地到恰克图，一路上要经历各种艰难险阻，夏天酷暑难当，还常常遇到干旱缺水；冬天寒风凛冽，道路难行，途中还要经过沙漠戈壁，以及人烟稀少的地区，更不要说，还有"骑匪"出没，甚至杀人越货，商队还要聘请"保商团"。山西商人的贩茶之路，不只是艰苦，还有惊险。

在沙漠地区，格外艰苦，有人编了顺口溜，"住沙窝、吃风沙，喝口清水难上难。"

时人评价："晋人之善于经商，其特性在于有耐力。"④ 一般商人不敢走的商路，被顽强拼搏的晋商给走出来了。"绵绵斯道，几不逢人。自米盐薪水，无不咸备。百里逢井，数日不见人为常事。水味则苦咸而外，腥且臭，浊且涩，犹宝如玉液……五月中旬以后，至中元日，无风不异赤道。若艮地狂飙，披裘

---

① 《汾阳县志》卷七，杂识。
② 《五台新志》卷二，生计。
③ 刘选民. 中俄早期贸易考 [J]. 燕京学报, 1939（25）: 200-206.
④ 冯济川. 山西乡土志 [M]//山西省史志研究院. 山西旧志二种. 北京: 中华书局, 2006: 61.

不及，则冷如隆冬。"①

茶商从张家口、归化去恰克图的路上，经常用到驼运。尤其是每年秋季九月开始，经历整个寒冬的艰难跋涉。当地人说："世上三般没奈何，赶车、巡夜、拉骆驼。"

还有歌谣反映拉骆驼的艰辛：

提起个拉骆驼，

三星照当坡。

蓝天当被盖，

沙地做被窝。

吃的是莜面蘸盐水啊！提起个拉骆驼。

提起个拉骆驼，

几辈受饥饿。

冬天冻个死，

夏天热个慌。

受不完的罪吃不完的苦啊！

提起个拉骆驼。

清朝人纳兰常德在《行国风土记》总结道："塞上商贾，多宣化、大同、朔平三府人，甘劳瘁，耐风寒，以其沿边居处，素习土著故也。"

清代《阅微草堂笔记》提道："山西人多商于外，十余岁辄从人学贸易，俟蓄积有资，始归纳妇。纳妇后仍出营利，率二三年一归者，其常例也。……萍飘蓬转，不通音问者，亦往往有之。"②

古人常讲"人离乡贱"，外出经商是非常艰苦的，但晋商从来不怕艰苦，不管多远，只要有商业机会，就会抓住。祁县渠家经营的"长裕川"茶庄是一个著名的老字号。渠家传到源字辈的时候，"长裕川"以茶叶经营为主，而且主要集中经营砖茶。为了更好地组织货源，"长裕川"茶庄仅留了20余人在总号，其他店员就派去全国多地，以5～10人一组，远赴张家口、天津、绥远、汉口、扬州、成都、长沙等地，去设立分号，于是"长裕川"茶庄的分号就遍及大半个中国。③

---

① 陈篆. 驻扎库伦日记 [M]. 上海：商务印书馆，1934.

② （清）纪昀：《阅微草堂笔记》卷23。

③ 孙建中等. 晋商北路贸易 [M]. 太原：山西古籍出版社，2006：25-26.

太谷曹家从事国际贸易，也在莫斯科、阿尔库斯克、库伦等地设立了商号，他们不仅从事对俄贸易，还间或采办英国、法国、德国等西方国家商品。

（二）不畏困难

晋商在万里茶路上的经营不仅遇到了恶劣环境的问题，还面临着其他方面的困扰。例如，曾经一度，有些商人拿不到信票，就冒险远赴恰克图贩运茶叶。而这个问题被一些官吏利用，"关吏借是为奸利，往往扣货或苛罚，商民视为大戚"。[①]这使茶叶商人的积极性大大被打击。

在古代，有句俗话"民不与官斗"，但是山西商人在遇到困难的时候却没有退缩，而是迎难而上。晋商程化鹏多方奔走，为晋商茶叶贸易进行争取，甚至上书理藩院："请明定税则，准商民运茶直与外人贸易。既可增国贸输出，以益征收；又可免役吏勒索，以减商苦。公司交便，计无有善于此者。"[②]经过程化鹏的努力，他的上书得到了朝廷的准许，相关问题得以解决。此后的政策给山西茶叶商人带来了很大的便利，极大地鼓舞了晋商的跨国茶叶经营，"由是茶商踵起，遂为晋商辟一利源，且茶销额数亦岁增"。[③]

另外，一位晋商常万达也是靠着多年坚守、持之以恒牢牢地抓住了恰克图市场。常家是万里茶路上进入较早，退出最晚，坚守最久的晋商。在恰克图市场多次闭市的时间段，常万达曾坚守市场十年之久，在其他商号纷纷撤离情况下，保持着顽强的信念，等到了市场的重开。[④]

商业经营成功贵在坚持，所谓商场如战场，晋商和俄国方面打交道不仅需要诚意，有时候也需要斗智斗勇。当时人评价晋商在恰克图贸易中的表现说："中国人在做买卖上特别固执，坚持要加，分文不让。不过，一旦他们当中有一方做成这笔生意，这时，买卖就像大水溃堤一样奔腾向前，市面也随之沸沸扬扬，活跃异常。"[⑤]

（三）诚信精神

晋商能够长期在万里茶路上经营，并且在恰克图几乎垄断茶叶贸易，不仅仅是因为晋商掌握的人脉关系和山西的地理交通优势，更重要的是，晋商的诚信精神赢得了各方的认可。经商者，唯诚信可以持久，他们提出了"以诚取信，以仁取利"的理念，这是晋商在长期经营中总结出来的经验。

---

①②③　常赞春. 山西献征卷8［M］. 太原：三晋出版社，2017.

④　常士宣，常崇娟. 万里茶路话常家［M］. 太原：山西经济出版社，2009：202.

⑤　孙建中等. 晋商北路贸易［M］. 太原：山西古籍出版社，2006：43.

这一点从晋商信仰的关公文化也可以看出，关公以信义著称，崇拜关公、坚持信义的山西商人，重利也重义。"先义后利、以义制利、义利相通"，在晋商经营中，诚信义利的价值观已经成了行业共同信奉的行为准则。

有的晋商为了维护诚信，甚至不惜亏本。还有的在经营出现问题后，主动通知债主，归还欠债，然后关闭商号，这样就保障了合作方不至于蒙受损失。

在晋商遗存的《行商遗要》中，有这样的说法：

"为商贾，把天理，常存心上。不瞒老，不欺幼，义取四方。领东本，遵号令，监制茶货。逐宗事，照旧规，勤勤俭俭。诸凡事，切不可，耗费浪荡，怕的是，遭祸虐，遗累子孙。行水路，走江湖，跋涉艰难；勿华丽，学朴素，免惹盗窃，晚早宿，晨早行，以防不测。水陆路，遇生疏，最忌相伴；若同帮，宜逊让，务要尊敬。再不要，非长幼，着人说道。为客商，学谦和，勿势欺良。俟进山，逐款事，安置齐备；贪洋庄，办口庄，各事不同，若洋庄，预先访，全靠耳目。勿碍滞，生机变，临时通变；或缓办，或多贪，自立主章。制黑茶，逐宗事，慢慢张张；俟出乡，归买茶，取出真眼，勿惜价，贪便宜，岂有好货？你纵是，经练手，不能哄他。每日里，十点眠，五点即起。客出房，合行人，惊动急起；或做工，或做甚，各执因干。平素日，手摸胸，细细思量；勿倍工，勿耽误，可称老板。莫学那，骄奢傲，时新款样；莫学那，匪类事，嫖赌嬉游。宗宗件件，照旧规，真无走凿。予自愧，才学浅，处事不明。尚不能，与号中，出类拔萃，但愿的，接事伙，如同班相，尽其心，竭其力，正直端方。"①

在这一段中，包含了晋商前辈对子弟的教导，反映了晋商对诚信精神、艰苦朴素精神的看重和传承。

(四) 勇于创新

万里茶路的开辟和拓展，本身就是山西商人锐意进取、积极创新商业模式的结果。晋商在对俄茶叶贸易中，实现了采购、加工、运输、销售、融资一体化经营的模式，大大促进了国内茶叶生产和国际茶叶贸易的发展。

当原先的茶路运输中断，他们就想尽办法找到新的茶源地，传授种茶技艺、推动当地茶叶生产，开辟出新的茶路。

---

① 史若民，牛白琳. 平、祁、太经济社会史料与研究 [M]. 太原：山西古籍出版社，2002：481-482.

五、晋商严格有效的经营管理助其立足中俄商界

（一）严格的产品质量管理

在茶叶贸易中，山西商人对茶叶质量的严格管理是站稳俄国市场的关键因素。因为茶源地在江南，消费者却远在俄国万里之遥的地方，长途运输可能导致茶叶味道散去，甚至变质。为了把优质的茶叶运送到俄国市场，晋商可谓煞费苦心。一些大的山西茶叶商人渐渐从单纯地贩运茶叶的贸易商人演变为供产销整体运作都介入的参与者。有些晋商甚至把茶叶种植、收购、加工、贩运、批发一条龙业务全部承担下来。

从长途贩运发展到劝农，在鼓励、教授当地更多农民种植茶叶的时候，晋商就已经深度参与到了茶叶生产的整个环节。到了后期，有些晋商干脆自己买下茶山，组织种植茶叶，这样就可以在整个茶叶供产销全程中掌控茶叶的品质。茶叶的种植、采摘、加工、运输，直到在俄国市场出售，每一个环节都监督到位，才能保障供应给国外客户的茶叶是符合客户需求的优质产品。

清末民初有人写的诗歌就体现了晋商监制茶叶的情况：

茶乡生计即山农，压制方砖白纸封。

别有红笺书小字，西商①监制自芙蓉。

而且，晋商深谙品牌的力量，大盛魁的"三九"砖茶，深受蒙古草原牧民的青睐。该商号还在茶砖上刻有"川"字记号，牧民们摸到"三道杠"就会欣然购买。

俄国消费者对晋商销售的中国茶叶也非常认可。当时的俄国人认为市场上质量最好的茶叶是晋商运来的"商队茶"。美国人查尔斯在《西伯利亚之行》中描述："'商队茶'比欧洲的其他种茶叶优良的理由是：海上运输时空气中的盐分，又经过热带和赤道时气候的炎热和潮湿，一冷一热，茶叶发汗，潮湿和不通风，所有这一切都会耗去和破坏茶叶的特殊风味，……假使你选择陆路，大部分时间是处在露天干燥的空气之中，不受潮湿、霉味、含盐的空气、舱底污水的侵袭，也不发霉回潮……这一定会使一位评判者作出赞成恰克图、买卖城和中国茶的决定。"②

---

① 这里的"西商"就是山西商人。
② 查尔斯·佛维尔.西伯利亚之行 [M].上海：上海人民出版社，1974：293-294.

（二）创新的分配方式

晋商在茶路经营上的成功，还得益于创新的组织管理。晋商的股份一般有两种类型，资金投入形成的财股和按员工贡献计算的身股。然而，红利分配也有两种情况，按财股分配，和按身份分配。

根据经济基本理论，分配方式可以分为按劳分配和按要素分配。这个按劳分配所说的劳动，包括体力劳动和脑力劳动。付出劳动的个人，按照劳动时间或者工作量获得报酬。然而按要素分配，是指要素的所有者，要素的使用者按照生产要素在生产中创造的价值、提供的贡献进行分配。

身股分红是对员工贡献的一个奖励，属于按劳分配；财股分红就是根据投资人提供资金的多少进行分红，投资人哪怕是没有出力，没有揽生意，躺着也能拿钱，这属于按要素分配。

从经济公平角度来说，劳动和生产要素都在生产中起到了不可或缺的作用。但是按劳分配是更加直观的体现，大家都可以看到员工每天的辛苦付出和收获的业绩。但是，按要素分配有时候会给人一种"坐享其成"的感觉，财东们"躺着赚钱"容易引起部分人对不劳而获的厌恶。所以，晋商的身股制度是一个创新的分配机制，它提高了按劳分配的比重，伙计们除了得到平日的薪水，还可以得到按贡献度分配的红利。

以大盛魁为例，这家商号是茶路上非常有名的旅蒙商，他们的经营就有独到之处。该商号的组织形式一直都是"人力合伙"制度。在其经营发展的200年里，不吸收财股，只有对三位创始人按功绩记入"万金账"，此外就别无财股记入。每年分配利润，基本都是按人员贡献计算身股，然后分红，余下的记入公积金。在这样的组织分配模式下，所有人都是按劳分配，自然积极性很高。

事实证明，这样的管理模式是有效的，大盛魁的商号分布极广，在国内外经营着多种业务，众多的机构，数以千计的伙计，相距万里之遥，但大盛魁在两百多年里，始终保持了很强的凝聚力，内部员工吃苦耐劳、敬业勤勉。

（三）有效的员工激励

山西茶商经营有道，有效的人力资源管理功不可没。为了提高伙计的积极性，晋商的商号普遍推行高额的分红制度。每到分红期，商号会按股份来分红，股份又分为财股（也叫银股）和身股。财股就是股东们按投入的资本进行分红，而身股是给员工的奖励，按照每人的贡献度确定身股份额，最终决定分红多少。

如大盛魁，员工分为学徒、无股份人员和有股份人员这三个类型。员工每月有工资，按等级划定，红利是三年结算一次，贡献大的掌柜、伙计有时候可以分到数千两白银。

以渠家为例，茶叶贸易为渠家创造了大量财富，而东家们也不吝奖励员工。在长裕川茶庄二十股生意中，除渠家的财股之外，总有二三分身股。每到开账分红的时候，一股可分红七八千两白银。①

《清稗类钞》描述了当时晋商选择培养伙计和伙计的待遇："且则齿弱冠之年少略知写算者使习为伙，历数载，察其可造，酌予身股，不给工资，惟岁给置办衣物之资。三年结账、按股分余利，营业愈盛，余利愈厚，身股亦因之以增。以此人人各谋其私，不检责而勤，不检制而俭。其发起之人及效力年久者，于其身后，必给身股以赡其家。子孙而贤仍可入号，未得身股以前不得归。毫厘有差立揿之，他号亦不录用，以是做奸者少。"

我们看到，晋商挑选伙计是从粗通文字和算数的少年中物色，之后要经过数年的学徒期，学徒期间没有工资，但会给予一些生活补贴。如果确定学徒是可用之才，商号会转为正式员工，并考虑酌情给予身股。良好的管理制度，让员工都很勤奋，而且有时候对于多年效力的老员工，有的商号还会在他去世后，赠予家属"故身股"。也就是说，对于贡献卓著的老员工，在其去世之后，商号还会给予家属分红。用这种方式可以鼓励员工长期为商号效力，并且更加努力工作，为家属换取一份保障。

很多晋商都非常注重为人处世之道，以万里茶路上著名的外贸商人常家为例，常家有一位成功的商人常万达，他不仅经营有道，而且贵在不惧艰难，持之以恒，在管理中注重待人以诚。

常万达把自己的经营理念当作家训教导子弟："比服贾张城焉，懋迁化居。艰辛弗避，历数十年如一日。居恒薄于自奉，无事不戒其奢华……用人尤必本诚意以待之，毫无市井浇漓之气。"②

(四) 内部培训制度

晋商对于人才选拔和培养非常看重，1944年卫聚贤的《山西票号史》中记载了票号的练习生制度，"票号收练习生，以为培养人才的根基。欲为练习生，先托人向票号说项，票号先向保荐人询练习生的三代做何事业，再询其本人的

---

① 孙建中等. 晋商北路贸易 [M]. 太原：山西古籍出版社，2006：27.
② 常士宣，常崇娟. 万里茶路话常家 [M]. 太原：山西经济出版社，2009：203.

履历，认为可试，再分口试和笔试两种，如属合格，择日进号，名为'请进'。不过这种练习生的考试，没有一定的日期和数额，视其需要而定，练习生有保荐人而无押金，将来如有舞弊情事，由当日保荐人赔偿损失。"

晋商的内部培训是非常严格的，商号对学徒的职业道德、业务技能各方面进行全面的培训。学徒要学会的技能包括练习楷书、打算盘、抄信札、应杂使，还有背诵"平码歌""银色歌"等。

晋商对参与茶路经营的伙计们比一般伙计要求更高，还要学习俄语和蒙语，大的茶庄内部开设蒙语和俄语课程，一般由经验丰富的员工教授，为了方便教学，大茶庄还有自编的外语教材。

《清稗类钞》里谈道："其在蒙古者通蒙语，在满洲者通满语，在俄边者通俄语。每日昏暮，伙友皆手一编，习语言文字，村塾生徒无其勤也。"我们从中看到，当时的晋商学徒为了到外地做生意，要掌握当地语言，勤学少数民族语言和外语，一人一份学习教材，勤奋程度都比得过学堂里的学生。

有一本《行商遗要》，就记述当时晋商内部管理的要求，内容详细到运茶路上从哪里出发，到哪里休息，哪里能吃饭、住店，什么地方要交多少关税、厘金，内容十分具体，其是商人们的经验积累和总结，指导性很强。

（五）严谨的企业管理制度

晋商能够维系成功的经营，内部管理制度很有值得借鉴的地方。以大德通1884年的号规为①例，三十条号规严谨翔实：

一议：新事招牌，起为大德通，里外一切账簿，齐今年正月初一日，务将账皮各为注明。至于票业一门，仍是同兴裕，不过将一切账簿账皮，都添写"新记"二字，至于外边出名，无论茶务、票业，皆以大德通招牌，以图永远。

一议：茶票生理，本属一号，所立账簿规式，俱有成章。不过茶票两庄，祁铺各号资金五万两，取其逐年分别，每庄长银若干，庶可一目了然，好为估算。

一议：各码头平素来往，以及将未结账，仍是营（营口）归沈（沈阳）、津（天津）归京（京都）。至于由外请用未下班人位，辛金并缴费等项，是何出结，皆照向章，毋庸更改。

---

① 本号规是大德兴改为大德通招牌时立的新号规。大德兴原本是茶庄，咸丰年间兼营票号业。1884年改大德通后茶务、票业仍是兼营。

一议：祁铺内外周行借贷，皆是茶号一门办理，"同兴裕"所占银两，除运资银五万两，用多用寡，皆向茶号周借，勿论逢标、平时，按长年利计贷。设有余剩，随时下账。每年票号与茶号，贴伙食一千两，祁铺年底一账。

一议：各码头勿论票贷、货务，虽以结利瘢账定功过，原以激励人才起见，容之其间，大有分别，总以实事求是，果尔本处多利，他方未受其害者为功。倘有只顾自己结利，不虑别路受害者，殊乖通盘筹划，大公至正之意。此等办法自有公论，兄等善自酌量，勿谓将来赏罚轻重不公也。

一议：各码头总领，务须各秉天良，尽心号事，不得携带偷安，恣意奢华，是所切望。换班回里，务将手中事件，逐一交代别任接办。将己身随带衣物，录一花折，开回支使银两，随身如数结束。未下班者，齐冬月底一律结祁，勿蓄分毫蒂嫌，并将伙等通过功过，随即另信题祁。

一议：各码头凡诸物钱盘，买空卖空诸事，大干号禁，倘有犯者，立刻出号。唯生意之中，原以通其有无，权其贵贱为经营。遇景逢情，囤积些实项货物，预与期铺达信，请示可行与否，遵祁信办理，不得擅自举办。违者无论有利无利，按犯号规重罚不贷。

一议：勿论何路码头人位，吃食鸦片，本干号禁。姑念近者世道不古，沾染既深，悔莫能及，若竟顶真，心犹有所不忍，是以东伙从宽定议，除前已染此弊者，责令悛改外，齐此往后，再有故犯其病者，依号规分别办理。如有先染已改者，以血性论；并有未曾习染者，以朴实论；纵有寻常过患，准其以此抵消。试思此宗规定，于身得益，于事不误，何不乐而从之，是则有所厚望焉！

一议：各码头地方，难免有赌钱之风，坏品失节，乱规误事，皆由于此。不管平时过节，铺里铺外，老少人等，一概不准，犯者出铺。至于游娼戏局，偶蹈覆辙，早早结出，刻不容缓，难免效尤，严之禁之。

一议：各码头人位，不准向号中相与之家浮挪暂借及街面置货买物，亦不许拖欠账目。如有私事，号中不准不管，轻则降罚，重则出铺。其相与字号之伙，向咱周借者，咱亦不准支应，谨记预防，违者议处。

一议：自今世道，咱处一带，逢标过节，银两松紧不常。咱号事体，虽赖东家盛名，易于通融，但地皮过紧，利息增昂，吃亏败名，大有可虑，是以预为呈知，以免两误。凡做家中交款，估划标前一月，可以得信，即可收会。若期过于促进，零星固可照收，若大项即宜暂避。且四标尤宜分别，春夏两标，疲时多而快时少；秋标虽则平和，犹有露快之势；犹冬标至冬腊两月，地面事多之际，快多疲少，深宜谨防，如做生意，谨记是幸。若夫往家抽交生意，零星小宗，固无限制；如做家中成宗收项，亦可早信关照。不然，倘遇银市疲滞，必受余银之背。通盘估谋，纵然生气秀气，诚虑得不偿失，此情不但与家中为然，即各路彼此往来，亦是如此办理。总之勤信关照，乃生意中之要纲也。

一议：各码头上下人住，在外支取银钱，或随下班结祁，或齐冬月底结祁，倘有蓄欠分毫两者，以管账者自问。除本人重罚外，管账者定安徇情隐匿议处。如有过分滥支人物，准管账者随时据实报祁，勿得含糊，至干咎戾。

一议：各码头人位，换班回里，毋庸言矣。告假者，脚费自备。设遇因亲或家政有要事者，总领酌夺，顶下班回祁者脚费，俱系公出。余别归故里者，一应花费自出。

一议：各码头就外请进人位，未下班前辛金，务以齐年就外拨清，随地出于缴费之内，俟下班后，祁铺才能录底开支。唯是衣资不可拨出，待至下班，有祁出去，再为起拨，以昭划一。

一议：凡两口售货，相与货账字号，不准再放与借贷，设若失错，单行难当，双行更难支持矣。谨之戒之，犯者出铺。

一议：凡两口遇年分兴盛，利息较大，不免有贪放借贷之嫌，首项小次虑保重，虽即背利息忽略之事，总以不做为上，万勿含糊。倘若失错，是谁贪放，定罚不贷。

一议：自此往后，凡顶身股人位，务要各合各节，不得潦草糊率，致犯号规。若犯出铺之条，何时说话，何时结楚，系按历年清抄算结；设有零月，不候年终清抄办理，定以应支开结。

一议：号内身股，每年应支：一分以一百二十两，九厘一百一十两，八厘一百两，七厘九十两，六厘八十两，四五厘七十两，三厘六十两，二厘五十两，春冬两标祁铺下账。除应支外，不准格外长支，倘有强颜硬问者，面阻勿怪。

一议：凡独做票庄码头，应拨衣资，"同兴裕"出账。唯两口、兴化镇以及南路办有要茶务者，茶号拨给。

一议：茶山人位，以及屡路发货者，号中即拨衣资，制衣添裳，以应按实价统计，才为公允。然而历年已久，今番亦未便骤挽前风，是以从权，彰明酌定，勿若是针工、线、里、扣，一应应用之物，以实价七扣结账。此情亦只可经办茶货人位照办。若是票号，以及售货人位，无论南北，不得以此为例，均以实价结账，违者议处。

一议：两山采办砖茶，务宜拣好卖到，押工齐楚，押砖总要磁实，洒面均匀，以期到两口不受买主之挑驳。虽云如此，还要四处尽心检点，节省缴费，生意之间，南北相关，总以取利为佳。倘不尽心治理，货色低次，工不精细，必致有碍门市，那时置货者难辞其咎为，望慎勿忽是幸。

一议：后首盼个时势转佳，若能将此种人才，不免枝占码头，票贷归于票庄统辖，货业归于茶庄统管，做法等等，各与各业相同，一归统一。

一议：格处人位，皆取和衷为贵，在上位者固宜宽容爱护，慎勿偏袒；在下位者亦当体量自重，毋得放肆。倘有不公不法之徒，不可朦胧含糊，外请者就便开销；由祁请用者，即早着令下班回祁出号。珍之重之。

一议：凡伙等从各路捎带货料，果有己身必用之件，或家中难买之物，朋友之中，尚且成酬，何况自伙？不过致劳不可令号中贴钱，上下一体，莫非厚薄。倘经买者不公或多结少结，谁错之银，拨记谁账。

一议：勿论老少人位，每逢下班归里，总得先到祁铺，然后回家，不准私先回家，然后到铺。如与别伙捎带物件，应亦先送本号留底转寄。并非疑忌之见，欲使路伙利于身驾耳。

一议：各路结账时，务将浮账暂记花名，以及票贷宗项随结账上，逐一花开回祁。如有隐蔽，移搁别处款项，总领写账者，均得重咎不贷。慎之慎之，勿蹈愆尤。

一议：凡咱买货码头，除零星出售，现清货银外，若卖银期划卖之家，随信勿将用主号报祁，以便内外了然。逢标遇期，收结票贷货银，稍有缓期误银之家，不特许报祁知，与各路亦得通报，毋得擅报平安过局，自取掩耳盗铃欺蒙之咎。此弊殊深痛恨，戒之戒之。

一议：各码头人位下班之期，除沈、营以三年为限，其余皆二年半为限。如俟下班之期，人位能于调开，毋庸候祁信吩咐。倘人位缺乏，抽调不开，即可曲委数月，一俟松容再行下班，各宜禀遵是善。

一议：勿论何路码头人位，凡为总领者，每月拨衣资银二两，副班者每月一两。唯初学生意者，五年以内，每月五钱；五年以外照副班者同行。设有经营二三年进号者，亦以初学生意论。皆是以从祁动身之日起，回祁之日止，由祁拨给。如有不回祁者，到年终祁铺核估，齐年终拨销，来年再为起首。如年年拨清，不照旧规回祁一次拨给，庶可将伙等应得之银，年年沏于支账，不至各为长支，实则有应得衣资银递补，此亦为名实不符起见也。①

---

① 中国人民银行山西省分行，山西财经学院山西票号史料编写组．山西票号史料［M］．太原：山西经济出版社，1990：597.

从以上号规，我们可以看出，大德通当时是茶、票兼营的。号规对茶叶经营和票号业务都是有效的。号规作为管理制度，非常具体，具备很强的指导性和可行性。不仅管到人员的业务能力、工作流程，甚至还管到员工的私生活，像员工远途贸易回来，给亲朋好友带货也要进行检查，以免挪用公款问题发生，而且即便是员工非工作时间，也不准吸食鸦片和花酒赌博等规定，进一步约束员工的行为，避免员工因为私下的奢侈无度而打上公款的主意，这些条款不仅是为了在道德层面约束员工，也是为了防微杜渐，避免员工做出违背职业道德的事情。

（六）家风家训

经营成功的晋商家族，一般都有注重家风传承，有的还有家训。著名晋商乔家经常以祖辈乔贵发创业的艰辛经历来教导子弟，子孙如果浪费铺张，长辈就会令其跪地背诵，"一粥一饭当思来之不易，半丝半缕恒念物力维艰"。

乔家大院里，当年乔致庸为了让后人不忘创业艰难，不忘做人的根本，就亲自拟了对联，让人写好挂在门上：

求名求利莫求人须求己

惜衣惜食非惜财缘惜福

乔致庸还总结说："为人做事怪人休深，望人休过，待人要丰，自奉要约。恩怕先益后损，威怕先紧后松。"

再如常家，家族兴盛的200多年里，商学并重，商学互补，常家非常重视子弟教育，常家设置家塾，请举人住馆授课，尊师重教，好学成风。常家多位子弟入仕途做官。

六、晋商的商帮行会作用

晋商在发展鼎盛的时期里，建立起了商帮行会。当时的山西商帮具有鲜明的行会特点。这些行会组织，从名称上来讲没有统一规范，有的叫"社"，有的叫"会馆"，后来有改为"公所""公会"，或者商会。

晋商的行会大致可分为两类，第一类是以籍贯为依据形成的——地方行会。这种行会的起源是因为晋商中有很多行商，常常背井离乡，在外地经营，为了互相照应，同乡之间组织起来，团结一致，防止外人欺辱排斥，并推进商业活动。第二类是以职业为纽带形成的——职业行会。他们有以职业命名的，例如生皮社、成衣社，还有以行业祖师爷或守护神为名的；又如鲁班社等，还有的以美好愿望和品德为名的；再如宝丰社、义和社等（见表1-6）。

表1-6　晋商在归化城的行会①

社名	崇祀	行业
醇厚社	关帝	—
生皮社	关帝、轩辕帝	皮行
镇威社	关帝、轩辕帝	—
仙翁社	关帝、酒仙（李白、杜康、吕祖）	酒饭行
金龙社	金龙四大王	银钱行
结锦社	马王	牲畜行
德胜社	张飞	肉行
药王社	药王	医药行
聚仙社	关帝、酒仙	酒饭行
敬诚社	关帝	—
义和社	关帝	—
钉鞋社	孙膑	修鞋行
纸房社	蔡伦	纸行
纸房公益社	蔡伦	纸行
马王社	马王	牲畜行
聚锦社	关帝	百货行
净发社	罗祖	理发行
金炉社	老君	铁业行
公义社	鲁班	木业木器行
吴真社	吴道子	油漆裱糊行
六合社	关帝	—
义和社	轩辕	—
成衣社	轩辕	服装加工行
青龙社	财神	—
宝丰社	财神	钱行
集义社	财神	—

---

① 孔祥毅. 近代史上的山西商人和商业资本［M］. 太原：山西人民出版社，1988：249-250.

社名	崇祀	行业
平安社	河神	洗皮行
毡毯社	财神	毡行
定福社	财神	—
缸油社	财神	—
集锦社	财神	当行
福龙社	玉皇大帝	—
银行社	金花圣母	票号行
骡店社	马王火神	骡马店行
义贤社	三皇	—
车店社	马王	—
敬仙社	梅、葛仙翁	颜料行
公义茶社	三皇	茶行

晋商行会除了互助之外，也有互相监督约束的功能。例如，清道光九年晋商鲁班社在归化城的《新立规碑记》中有规定："……若不整齐，社事将衰矣。我们不忍坐视，遂合公议，严立新规，严其责于铺户、工头，董其事于值年会首……使无耻工作，知其新规，有所警畏，而从前隐徇掩护之弊，可以顿除也，今将新立条例开列于左，以志永远不朽之尔。"①

1868 年的《商业报告》也指出："他们（恰克图俄国商人协会）半个世纪以来，垄断了对中国的易货贸易，他们是和一个性质相同的山西帮通商的，这个山西帮就住在和恰克图相毗连的买卖城。"

七、晋商与官府的关系

虽然允许中俄商人在恰克图市场进行贸易，但是清朝政府对本国赴恰克图商人的管理还是比较严格的。凡是要进入市场的商人必须持有理藩部颁发的"信票"，无票不准入市，视为走私，而且要对违规商人的货物进行查抄没收。

晋商能够独霸恰克图市场，其实就是垄断了"信票"，而信票之所以基本为山西商人所得，这跟晋商历来与官府交好有莫大的关系。

---

① 刘建生，刘鹏生．晋商研究［M］．太原：山西人民出版社，2005：110-111.

山西的账局、票号都有过对官吏放款的业务，票号更是一度垄断了官款的存放和饷银的汇兑业务，其他的山西大商号也非常注重跟官府的关系。以票号为例，可以了解到晋商与官员的关系（见表1-7）。

表1-7　票号结交各省官吏情况

票号名称	官吏姓名	职务
蔚盛长	庆亲王奕劻	总理各国事务大臣、军机大臣
百川通	张之洞	两广、湖广总督、内阁学生、洋务派首领
协同庆	李莲英	慈禧太后亲信
志诚信 大德通	那桐	—
	戴鸿慈	户部尚书
	董福祥	新疆陕甘总兵、提督
	叶名琛	两广总督
	李闲	广西布政使
	庆亲王	总理各国事务大臣，军机大臣
	赵尔巽	户部尚书
	端方	陕西巡抚
	杜金标	平阳知府
	徐葆生	朔州知府
	恩因	雁平道台
三晋源	岑春煊	巡抚
日升昌	庆亲王	总理各国事务大臣、军机大臣
	伦贝子	—
	振贝子	—
	赵舒翘	—
蔚丰厚	赵尔巽	户部尚书
	余子厚	太史、川汉铁路总办
	董福祥	陕甘总兵、提督
	童瑶圃	安徽芜湖道台
	张麟阁	四川川北道台
	申吉甫	陕甘督抚
	徐春荣	四川侯选道

票号名称	官吏姓名	职务
天顺祥	崔尊彝	云南粮道
	潘英章	永昌府知府
阜康	文煜	刑部尚书
	锡缜	驻藏大臣
	左宗棠	闽浙、陕甘、两江总督、湘军军阀、洋务派首领
宝丰隆	赵尔丰	川滇边务大臣
蔚泰厚	崇实	四川将军
	·有魁	四川将军
义善源	李绍庭	保定电报局督办

第五节　商路萧条

　　自 19 世纪后半期开始，因各种原因晋商恰克图茶叶贸易规模开始减少。"恰克图通商日见衰败，中国茶行字号，诸多歇业，以致百二十家仅存十家，尚在似有如无之间"。到了同治七年（1868）时候，山西茶商甚至减少到了个位数，在买卖城中只剩下四个老的山西行庄了。

　　然而万里茶路沿线枢纽城市也因此受到巨大影响，如曾以输往俄国茶叶贸易为主的汉口也受到了很大影响，汉口茶叶输出量最高时期是在光绪十年（1884 年），达到了 268.8 万英斤（每英斤为 1.016 千克），而到了光绪三十年（1904 年）减少为 193.46 万英斤。[①]

　　1917 年俄国十月革命后，恰克图市场受到极大影响，跨越 3 个世纪的万里茶路宣告终结。这条维持约 200 年的贸易之路之所以萧条，原因是多方面的。

一、俄国商人开辟、把持新商路

　　万里茶路的跨国茶叶贸易最初是由山西商人掌控的。1877 年的《商业报

---

　　① 《武汉文史资料文库·工商经济卷》。

告》也描述说："这种贸易全部由中国人掌握。"①

俄国商人期初只能被动地在恰克图边境贸易区等待，等待山西茶商运送茶叶过来。茶叶种类、数量、定价基本上都是由晋商来主导的。

俄国商人其实一直都希望能够深入中国内地经商，掌握更多的主动权。但是，前期多次要求都被清政府限制或直接拒绝。

《清史稿》记载："十年秋，……俄商由恰克图到北京，经过库伦、张家口地方，准零星贸易，库伦设领事官一员。"我们注意到，这里，清政府只允许俄国商人在内地少数地方进行"零星贸易"。

俄国商人在第二年又进行了一次要求，但依然没有得到想要的清政府政策支持，"十一年……俄人请进京贸易，不许。"

"同治元年春二月，与俄订《陆路通商章程》。俄人初意欲纳税从轻，商蒙古不加限制，张家口立行栈，经关隘免稽查。总署以俄人向在恰克图等处以货易华茶出口，今许其进口贸易，宜照洋关重税，免碍华商生计。又库伦为蒙古错居之地，其为库伦大臣所属者，向止车臣汗、图什业图汗等地，此外各游牧处所地旷族繁，不尽为库伦大臣所辖，若许俄随地贸易，稽查难周。又张家口距京伊迩，严拒俄商设立行栈。"

这意味着俄国人的努力再次被拒绝，而且是"严拒"，我们从清政府的措辞可以看出，清政府对贸易壁垒的坚持。而且，清政府考虑的不只是经济问题，不只是税收问题，还有民族问题和政治问题。

一个月后，俄国人又进行了一次努力，同样没有结果："三月，俄人以喀什噶尔不靖，请暂移阿克苏通商，不许。"

"五年……三月，与俄议改陆路通商章程。俄人欲在张家口任意通商，及删去小本生意、天津免纳子税二事。中国以张家口近接京畿，非边疆科比，不可无限制……五月，俄人请往黑龙江内地通商，不许。"

这一年里，俄国人两次尝试在张家口、黑龙江通商，再次失败。

"八年春三月，与俄续订陆路通商条约。是年，俄人轮船由松花江上驶抵呼兰河口，要求在黑龙江内地通商，黑龙江将军德英以闻。朝旨以非条约所载，不许。"俄国人的要求再次被朝廷的"不许"破灭。

"同治十三年八月，俄人自库伦贸易入乌里雅苏台建房，以非条约所载，不许。"

---

① Commercial Report, 1877, Hankou, P. 66.

"光绪三年，议修陆路通商章程。俄使布策欲于伊犁未交之先通各路贸易，中国不允，仅允西路通商。"这一年，俄国人虽然未能达到目的，但是得到了西路贸易的经营许可，也算是有所突破。

"五年二月，与俄外部尚格尔斯开议。……通商之条：一由嘉峪关开达汉口，称为中国西部省分，听其贸易；一乌鲁木齐、塔尔巴哈台、伊犁、喀什噶尔等处，称为天山南北各路，妥议贸易章程；一乌里雅苏台、科布多等处，称为蒙古地方，及上所举西边省分，均设立领事……崇厚皆允之……既议，偿款卢布五百万圆。"①

这一年，俄国人与清政府的协议有了重大突破，打开了通往中国内地的三条商路。我们看到，无论是去汉口，还是去新疆、蒙古，这些商路都是万里茶路中重要的贸易商路。

班思德描述了当时俄国商人在陆路贸易和水路贸易中，从山西茶商手中全面抢夺茶叶贸易控制权的情形："至是俄国商行，多迁往汉口，亦派人前赴内地产茶之区，设庄收买。所办行销俄国欧境之货，既系每年新茶之精品，复可利用船只，经由汉口运赴敖德萨港。至西伯利亚方面所需砖茶，俄商复自行设厂制造，惟仍由恰克图陆路输送耳。"②

19世纪后半期，俄国商人开始深入到中国南方，汉口、九江、张家口等地。雷麦的《外人在华投资》指出："天津及张家口二地经营茶叶贸易与茶叶运输的俄商代表为斯太齐夫及巴太尼夫两公司，这些商人和其他商人积了资金以后就投资于购买土地及建造货栈住宅。"③

1862年的《中俄陆路通商章程》是俄国商人攫取华商利益的"分水岭"，在该条约中，中国政府做出了很大的让步。第14条规定：俄商自俄国贩货运入中国内地者，可照旧经过张家口、通州前赴天津。或由天津运往别口及中国内地。并准许在各地销售。俄商在以上各城各口及内地置买货物运送回国者，亦由此路线行走。

该条约可以说是解除了以往对俄商的禁令，从此中国内地门户大开，任由俄国商人行走，而且其他条约还允许"小本营生"的俄商在蒙古免税自由贸易，俄商在中国边界百里内免税等。

---

① 赵尔巽. 清史稿·邦交志一 [M]. 北京：中华书局，1998：4-15.

② 班思德. 最近百年中国对外贸易史 [M]. 上海：上海海关总税务司署统计科译印，1931：126-127.

③ 雷麦. 外人在华投资 [M]. 上海：商务印书馆，1953：424.

比之于清政府之前的严防死守，《中俄陆路通商章程》的签订，体现了清后期政府的腐败无能。俄国强势的提出各种要求，清政府都答应了。

俄国商人后来开始直接从茶农手里收购茶叶，还买地设厂，自行加工制造茶砖，然后运输销售到西伯利亚等地。这样俄国人购买茶叶就再也不必依赖于晋商。再后来，俄国茶商不仅对中国茶叶的收购、加工、销售的一体化，还把制好的茶叶销售到德国、法国等其他国家。

1876年的《贸易报告》描述了当时的情况："砖茶几乎是专门供俄国销场而制造的。直到最近几年才由俄国人监督在以汉口为出路的崇阳、羊楼洞及羊楼司等产茶区制造砖茶；在过去两年间，有三家采用蒸汽机的砖茶制造厂已经迁至汉口租借或其附近，同时由福州装船运出的茶叶数量也在与年俱增。"①

对这种情况，恭亲王奕䜣评述说道，"故从前张家口赴恰克图华商，颇获利益。自与俄国议立陆路通商章程以来，俄人自行由津贩运土货，赴恰克图贸易，华商利为所夺，大半歇业"。②

班思德在《最近百年中国对外贸易史》中也说道："于是该国所需华茶，不必专自恰克图运入，此地殊于俄人有利。顾自恰边买卖城之华商观之，则损失甚重。良由从前俄人以呢绒易茶，该物作价，恒在成本以下，故在出售该物换回华茶之时，不得不过昂其值，以资弥补。至是俄国商行，多往汉口，并派人前赴内地产茶之区，设庄收买。所办行销俄国欧境之货，既每年新茶之精品，复课利用船只，经由汉口运赴奥德萨港。至西伯利亚方面所需砖茶，俄商复自行设厂制造，惟仍由恰克图陆路输送耳。"③

事实上，俄国对于晋商在茶叶贸易中的巨额利润早就垂涎，他们早已不满足于只是在俄国本土进行茶叶贸易。《马莱特报告》描述说，为了避免这些挫折（蒙古牲畜疫病以及蒙古地方的起义军对取道恰克图茶叶的影响），于是拟订了一个计划，准备取道阿穆尔把茶叶运到俄国去，这个计划如果实现，就将严重地影响张家口—恰克图夏季的运输业。④

俄国商人甚至还想过用印度茶代替中国茶，来摆脱对中国茶商的依赖，有一家俄国洋行去年试运一批印度（阿萨姆）茶叶到俄国销售，已告失败。印度

---

① Trade Reports，1876，Part I，P.64.

② 宝鋆等．筹办夷务始末·同治朝［M］．北京：中华书局，2008：2.

③ 班思德．最近百年中国对外贸易史［M］．上海：海关总税务司署统计科，1931：126-127.

④ Report by Mr. Malet, Her Majestys Secretary of Legation, upon the Fluetuations of Foreign Trade between the Years 1864-1871, P. 8.

茶的茶味太浓，不受俄国市场欢迎。①

不过，中国茶叶在俄罗斯消费者心目中的地位虽然依旧很高，可是这并不意味着晋商在万里茶路上的商业地位依然稳固。

俄罗斯人在不能用他国茶叶代替中国茶叶后，就决定自己完全掌控对华茶叶贸易。他们在华设立茶厂，自制茶叶，再运回本国，全面掌握茶路贸易的主动权。如此一来，晋商的利益就被剥夺了。

《（海关）十年报告》描述说："过去经由樊城运至俄国中亚细亚的大批砖茶贸易，是由中国商人经营的。后来对输往俄国亚洲部分的茶叶，要征收很重的关税；同时这一运输路线很不方便，而且费用很大，有时需要两年，商运队才能达到目的地。现在与俄属土耳其斯坦进行的合法的砖茶贸易，首先是以汽船运至天津，在天津改为陆运。过去经由天津和蒙古运往俄国的茶叶，现在多半运往敖德萨。"②

公认的红茶减少的原因，是去年俄国市场尚未出售的存货过多，商人就不再多运，免使情况更坏。西伯利亚南部和中亚细亚等地，为砖茶开辟了新的销场。运输工具一般都很充足，把茶叶运往这些地方的运费也非常便宜。出海参崴至斯特莱田斯克的铁路线，现已勘测竣事，渴望在1889年动工修建；虽然开始运货大约还须五年，但陆运全盛时代的末日，可以毫无疑问地说，是计日可待了。③

西方人当时也观察到：从张家口往北的商运大道中，往恰克图去的道路最为热闹，这是因为茶叶要经过这条道路运输。除俄商购运的茶叶外，华商也贩运大批茶叶至张家口发卖。在通过晋北的大路上，我几乎每天都遇见伴随着经张家口赴恰克图的长列砖茶驼运队的华商，用俄国话向我招呼。这种砖茶来自湖北和湖南，从汉口经樊城和赊旗镇（河南）至山西，再经过潞安府、沁州和太原府。在距大同西南34英里处分为两路：一部分茶叶直接运往归化，另一部分运往张家口。从前运往俄国的茶是取道山西的，近年来，在苏伊士运河通航使汉口运销俄国的花茶采取一条完全不同的线路以前，曾经考虑过重开这条经由山西的旧道，经过归化、乌里雅苏台和科布多运往俄国。很显然，这条道路比经过恰克图近得多。④

---

①③　Trade Reports, 1888, Tianjin, P. 21.

②　Decennial Reports, 1882—1891, Hankou, P. 172.

④　F. von Richthofen：Letters from Baron Richthofen, P. 13.

1868 年的《贸易报告》也大篇幅地分析了这个问题。1861 年，根据那时签订的一些条约和协定，扬子江和北方的各港就开放为通商港口了，而且不久之后，海轮就开始安全而迅速地把茶叶运到天津去，这一切都促使俄国人尽快地利用这些时机，并促进俄国人在汉口和天津开办企业，以便和山西商人竞争恰克图市场，而在这场竞争中，他们取得的胜利是令人佩服的。以上这些有关湖北茶叶如何在买卖城取代福建茶叶的消息，是一位和对俄茶叶贸易有关的有知识的中国人告诉我的。他还告诉我，前几年在边境市场上山西行庄大约有 100 个，可是自从俄国人自己在汉口开办企业以来，山西行庄就缩减为 60 或 70 个。他还说，在 1864 年俄国人学会了怎样制造砖茶，在 1865 年有半数以上的经由天津发往恰克图的砖茶，是俄国人自己在湖北内地加工制造的。这种茶叶的质量比当地的好，因此自从 1866 年以后，所有运来天津以便转往西伯利亚的砖茶，都是俄国人加工的，或是在他们的监督下加工的。我的报告人还说，目前在买卖城只剩下了四个老的山西行庄，并且他认为在这项贸易上中国人不能和俄国人竞争，因为在转运恰克图的过程中，俄国人持有的茶叶上税少，中国人持有的茶叶上税多。①

二、运输方式的变革导致晋商茶路渐至萧条

（一）海洋运输取代了部分陆路运输

1. 海运便利性优势

晋商茶叶在长途运输过程中，陆路贸易的弊端就显现出来，依赖畜力运输，有时候要受到自然条件的影响，譬如骆驼数量会约束茶叶运输的规模。1885 年正因为牧草歉收饿死了许多骆驼，遂使此路茶运数量大为减少。② 而海运就没有这种困境。

19 世纪 40 年代，造船和航海技术进一步提高，海上商路迅速扩展。如果通过海路，从欧洲到中国比经过西伯利亚陆路便利多了，运费也便宜多了。例如，俄国人曾经分析，19 世纪 40 年代，从广州到伦敦的茶叶运费是每普特30~40 个银戈比，如果从恰克图到莫斯科则只要 6 个银卢布。③

---

① Commercial Reports, 1868, Tianjin, pp. 1-5.

② Trade Reports, 1886, Tianjin, pp. 17-18.

③ 米·约·斯拉德科夫斯基. 俄国各民族与中国贸易经济关系史（1917 年以前）[M]. 北京：社会科学文献出版社，2008：227.

《中俄天津条约》后,中国向俄国开放七个口岸通商,于是中俄单一的陆路贸易历史结束了。19世纪90年代后,中俄海路贸易数额开始超过了陆路贸易数额,恰克图也失去了曾经的边境互市贸易中心的地位。

《中西闻见录》中记载了俄国利用海运贩茶的状况:近闻俄国新设公局制轮船,于长江、黑龙江两江间,往来运货,意在由汉口采办茶叶,运入黑龙江,以达俄国,较之用驼只驮运省费。查自武昌抵黑龙江,水程约六千里,由黑龙江西上,计水程又约五六千里,然后登陆,更以车马船只,水陆分运各省镇乡,实为便捷。[①]

2. 海洋运输对陆路运输的替代效应

海路贸易禁令的废除,为俄国通过海运方式贩卖茶叶奠定了政策面的基础。从此,俄国不必限于陆路茶叶贸易,就可以绕过中国茶商控制的陆上贸易,创造出有自身优势的海洋茶叶贸易。

1858年《天津条约》第3条规定:"此后除两国旱路于从前所定边疆通商外,今议准由海路之上海、宁波、福州府、厦门、广州府、台湾等七处海口通商。若别国再有在沿海增添口岸,准俄国一律照办。"

第4条又规定:"嗣后,陆路前定通商处所商人数目及所带货物并本银多寡,不必示以限制。海陆通商章程,将所带货物呈单备查,……俄国商船均按照外国与中华通商总例办理。如带有违禁货物,即将该商船所有货物概行查抄入官。"

第5条规定,"俄国在中国通商海口设立领事官,为查各海口驻扎商船居住规矩,再派兵船在彼停泊,以资护持。领事官与地方官有事相会并行文之例,……皆照中国与外国所立通商总例办理。"[②]

俄国商人商业模式的改变为自身的茶叶经营赢得了主动权,相应地,中国茶叶商人的利益就开始被削减。

《马莱特报告》中还指出,俄国公司致力于开辟新的航线用于茶叶运输。他们认为,每年有80000箱茶叶要靠驼商队运往"东部俄国",也就是西伯利亚和阿穆尔地区,运输的时间平均超过12个月,如果使用轮船,则可以缩减为70天,而且除了节省驼商队贸易的全部投资的利息外,轮船运输实际上可使每一

---

① 《由海运茶》,1873年8月,参见《中西闻见录选编》,第22—23页。

② 郭卫东. 中外旧约章补编(清朝)[M]. 北京:中华书局,2018:87.

箱茶叶省去6个卢布（3两或18先令）的运费。①

1866年的贸易报告称，截至1861年，恰克图的市场是由山西的商人供应的，他们在湖北和湖南采购和包装茶叶，并从那里直接由陆路运往恰克图。但是现在，俄国商人在这些产茶区开办了一些企业，他们买来茶叶之后，就在他们监督之下进行加工，而且自从取消了半税以后，用轮船载运茶叶下长江转天津，要比走旧路便宜些。报告分析了海运的便利，让俄国不再依赖晋商的陆上茶路，指出了俄国商人开辟出的海上茶路让俄国商人获得了新茶路的掌控权。

报告还说，俄国和中国的全部贸易，从一开始就集中在俄中边境上的恰克图城。所有合法地输入俄国的茶叶，都在这里与俄国的医疗和其他的制成品相交换，但却严格禁止从海路运输茶叶。茶叶是帝国的最大的垄断贸易，其收入仅次于酒业专卖。1861年颁布的谕旨取消了这项重要的垄断贸易。现在茶叶从海路和陆路都可以进口。②

1878年的 Commercial Reports 也记载了"1873年成立了一个拥有二十艘行驶于黑龙江的内河轮船的俄国公司，以便从海路和水路运输砖茶。这自然是最直接和最便宜的航道"。③

《俄国近事——海运捷径》描述说：俄国向用茶叶，皆以驼载运送，路经恰克图而西行。往来间用大轮船运至黑龙江，再换小轮船运往，新近更有轮船，自本国直抵汉口装买者。其来路系出黑海欧得萨大镇，经地中河而至。查黑海北岸，大镇极多，将来俄国直入长江之轮船必日渐增益，而恰克图之驼载与黑龙江之轮船，必形减少。孰知俄国地虽接壤中华，而其通商之路，亦以海运为便也。④

清末实业家王先谦在《议复华商运茶赴俄、华船运货出洋片》中指出："自江汉关通商以后，俄商在汉口开设洋行，将红茶、砖茶装入轮船，自汉运津运俄，运费省俭，所运日多，遂将山西商人生意占去2/3。然而山西商人运茶至西口者，仍走陆路；赴东口者，于同治十二年禀请援照俄商之例，免天津复进口半税，将由招商局船自汉运津，经李鸿章批准照办。惟须仍完内地税厘，不得再照俄商于完正、半两税外概不重征，仍难获利，比较俄商所运之茶成本

①　Report by Mr. Malet, Her Majestys Secretary of Legation, upon the Fluetuations of Foreign Trade between the Years 1864-1871, P. 8.

②　Trade Reports, 1866, Tianjin, pp. 104-105.

③　Commercial Reports, 1878, Hankou, P. 79.

④　《俄国近事——海运捷径》，1875年6月，参见《中西闻见录选编》，第22页。

贵而得利微。"①

1868 年《贸易报告》也指出：俄国欧洲部分可合法地从海路输入茶叶，也必然会减少恰克图的整个进口贸易。②

在 19 世纪 80 年代后，由于海路贸易进一步发展，中俄贸易路线就逐渐从恰克图陆路转向了费用更为低廉的海路。

统计显示，1868～1870 年，经张家口、恰克图输往俄国的中国货物占到了全部中国出口俄国商品的 99%，但是这个数据在 1900 年就下降到了 42%。③ 也就是说，1870～1900 年，这 30 年的时间里，经过张家口、恰克图输往俄国的货物减少了将近一半。

（二）铁路运输兴起

1. 铁路运输的优势

茶庄兼洋货业，今为库伦商业一大部分，向由湖南汉口采办二四、二七、三六砖茶及红茶，本以张家口为根据地，转运库伦恰克图二处者，查砖茶行销蒙古，红茶行销俄国，以砖茶易蒙古皮毛牲畜，以红茶易俄商金银器具，及皮毛绸绒等项，当时华商获利颇厚。今则华俄商人贸易者，日益萧条，俄商亦直接赴汉采办，由东清铁路载运俄国，加以俄国茶税极重，因此红茶转运库恰二处，形同消灭，即砖茶蒙古销路，今昔比较，亦仅十之三四矣。④

俄国商人利用铁路运输的便利性，直接从中国南方运输茶叶，虽仍然是陆路贸易，但是却不再需要牛马骆驼，蒸汽火车代替了畜力运输。这是交通运输的近代化，也使晋商开辟出来的依靠牲畜托运的商路陷入劣势，走向末路。

2. 铁路运输代替畜力运输

晋商在万里茶路运输过程中，陆路部分是靠畜力运输的，其中最为主要的是驼运。然而依赖畜力运输有一个天然的限制就是对牧草的依赖。在万里茶路上，曾经发生过因为牧草短缺，牲畜运输无法顺利进行。

《贸易报告》中曾经指出：因牧草供应的不可靠使运输工具也不可靠的情况，已促使若干俄国商人计划铺设一条由张家口跨越蒙古平原至乌尔家（今乌

---

① 《刘坤一遗集》奏疏稿，卷一。
② Commercial Reports, 1868, Tianjin, pp. 1-5.
③ 何炳贤. 中国的国际贸易 [M]. 上海：商务印书馆，1937：397-408.
④ 山西财经大学晋商研究院. 库伦商业金融调查记（民国七年）[M]. 北京：经济管理出版社，2008：190-201.

兰巴托）的轻便铁道。另一计划，即由斯特莱田斯克第一条铁路通至黑龙江上的维林古孔斯克。黑龙江上通航到斯特莱田斯克的江面，已有 70 艘汽船行驶，货物可从维林孔斯克循色楞格河的支流运至恰克图。俄国的汽船可以从汉口运茶道黑龙江。这条路线将得到俄国政府的有力赞助，并可能得到俄商的普遍支持。因为该线完全在俄国控制之下，一切贸易利润均将落入俄国人的荷包，同时对商人自身将提供更大的财源便利。①

20 世纪初，西伯利亚大铁路通车，铁路运输改变了原来的茶叶贸易线路，恰克图就失去了原来的价值。去往恰克图的晋商茶叶贸易路线自然也就萧条了。

（三）清政府对茶路贸易的消极态度

1. 清政府重农抑商的传统经济政策制约商业发展

封建社会以农为本，自从《管子》提出"牧民"一说，封建社会对人民的要求就是驯顺、听话。农业经济要求土地上的生产者——农民守在土地上进行耕种，而商人经商，流转货物，需要跨区域活动，这与统治者希望人民"安定"的想法有些冲突。

中国古代封建社会，把人民分为不同阶层，士农工商，商人在四民之末，地位低下。统治阶级普遍对商人没有好感，甚至有的认为商人对经济不利。

例如，明初的政府就曾经认为，人民贫穷是因为无良商人把钱赚走了。有些官员不懂经济，他们觉得，商人只是把货物从一个地方搬到另外一个地方就赚取了大量钱财，认为这是损害了人民的利益，是致使人民贫困的原因。

他们看不到商人促使要素流动、活跃经济、增加市场活力的作用，也不懂市场经济规律，只看到部分商人发家致富，积累了财富，就认为商人是无商不奸，意识不到商人对国家经济发展的重要性。

到清朝，对商人的歧视，还有统治阶级对商业轻视的习惯依然延续。乾隆皇帝就曾经拒绝与英国人通商，他的理由是："天朝物产丰盈，无所不有，原不藉外夷货物以通有无。"

当看到山西经商为荣的风气，政府层面是不太满意的，雍正二年，一位刘姓大臣曾上书皇帝："山右积习，重利之念，甚于重名。子弟俊秀者多入贸易一途，至中材之下，方使之读书应试。"雍正皇帝朱批："山右大约商贾居首，其

---

① Trade Reports, 1886, Tianjin, pp. 17-18.

次者犹肯力农，再次者谋入营伍，最下者方令读书，朕所悉知，习俗殊可笑。"①

从这君臣的口气中可以看出，当时的统治阶级对山西人重视商业是非常不满的。刘姓大臣用词"积习""重利"，就可以看出其思想倾向性，他对于山西最优秀的子弟去经商，中下等人才去读书考功名的做法是批判的，和其他一些地区比，这显然是颠倒了过来。

然而雍正皇帝对他的看法也是赞同的，出于四民之末的商人是朝廷并不看重的阶层，皇帝发现在山西四民之末的"商贾居首"，显然是以为风气不正的。

在以农为本的封建制度下，朝廷对于商业发展没那么看重，而晋商赖以为生的万里茶道，封建统治者们并没有觉得多么重要。

清朝的中国是一个农业大国，在其他欧洲国家开始工业化进程后，清朝政府依然重视农业，轻视工商业。他们把西方的某些工业制成品看作"奇技淫巧"。

例如，精致的钟表，对于清朝统治者来讲，只是个点缀的奢侈品，他们不认为钟表技术和钟表的精准程度有多大意义。因为农业社会对于时间的精确性要求没有工业社会那么高。中国当时的经济状态是自然经济、小农经济，生产单位以家庭为主，男耕女织。农民的耕作，日出而作，日落而息。相比之下，处在工业化的欧洲社会，社会化大生产已经开始，工厂要求生产协作，城市里人们已经开始把时间精确到分钟了。

追溯历史，中国之所以成为四大文明古国中的一员，是因为中国有广大平原，适合发展农业，所以较早进入农耕文明。中国两千多年封建社会的发展，农业经济也始终占据主导。在农业经济中，土地和农民是两大生产要素。如果农民离开土地去经商，四处游历，那就意味着土地上的劳动力减少了。所以，以农为本的中国封建社会的统治者们就强调"安居乐业""国泰民安"，不希望劳动者离开土地。

还有人认为，商人不生产，只搬运，就获利颇丰，他们是"奸商"，是他们让人民更贫困。在这种情况下，统治阶级自然对商人有一种蔑视和不满。虽然，他们当中理智的人也知道，国家离不开商业。但是，封建社会始终是强调士农工商的秩序，商人为"四民之末"。

相比于国际贸易能带来的利益，清朝政府更重视帝王和朝廷的"体面"。

---

① 鄂尔泰. 雍正朱批谕旨 [M]. 台北：文海出版社，1965：47.

在 1805 年，军机处给库伦办事大臣的命令中，传达了嘉庆皇帝谕旨，俄人本性桀骜不驯，……今彼等来信颇有不恭，……信中亦未告知现时是否已备妥上奏皇帝之贺表，且不肯呈报贡品为何物，显系别有用心……朝觐皇上，按我国法规，凡欲朝拜我英明大皇帝必须遵守礼仪……教以叩头之礼。如有一项条件不能完成，立即予以坚拒，将其遣送回程。绝不可优柔寡断。①

连俄国学者都认为：从历史事实上证明，尽管俄中贸易在一定程度上、一定时期内带动了中国蒙古、山西乃至南方广大产茶地区如福建等地的经济发展，但由于当时中国的清政府固守已落后于时代大势的"天朝体制"，坚持重农抑商的传统经济政策，对俄中贸易并不重视，因而俄中贸易虽然客观上也有利于中国经贸的发展，但实际上对俄国来说，这种贸易的意义远远大于中国。②

反观俄国，在 17 世纪，重商主义理论就成熟了。甚至贵族都争取经商，有贵族说：我们可以经商，这是一本万利的事业。它可以给我们带来巨大的财富，这样赚来的钱也是无可非议的。③

在《尼布楚条约》之前，俄国方面就有人看好中俄贸易。商人从卡尔梅克那里得到少量中国货，这些货物能够以有利价格迅速销售出去，这就促使西伯利亚总督打算与中国进行直接和公开的贸易往来。④

但是这个愿望在很长一段时间里却无法实现，尽管双方商民积极性很好，但清朝政府方面态度比较消极。清政府对少量的边贸是放任的态度，但有时候，也会进行干预。《尼布楚条约》签订是个里程碑，标志着双方贸易的合法性和正常化。

俄国政府对俄国茶商的大力支持是大大超过清政府对山西茶商的关注的，1875 年的《贸易报告》也认识到：在砖茶方面，有从西伯利亚来的俄国人在某些产红茶地区施行监督，他们表现出很容易适应中国人的方式，他们的政府也对他们保护备至。如果外国人在内地购买或租佃土地，建几个井然有序的种植

---

①　1805 年，军机处给库伦办事大臣蕴端多尔济、福海的命令，传达嘉庆皇帝关于缩减戈洛夫金使团随从、在库伦提交呈送皇帝的贺表礼单、向使臣及随员传授口头礼的谕旨，见蒙古国立中央历史档案馆，藏档 M-1，案卷 639，311–315 页。库伦办事大臣衙门满文抄文簿抄件。

②　特鲁谢维奇. 十九世纪前的俄中外交及贸易关系 [M]. 长沙：岳麓书社，2010：9.

③　C.B. 奥孔. 俄美公司 [M]. 北京：商务印书馆，1982：8.

④　G.F. 米勒，彼得·西蒙·帕拉斯. 西伯利亚的征服和早期俄中交往：战争和商业史 [M]. 北京：商务印书馆，1979.

园，便会作为榜样，及时改造中国人的制茶方法。①

俄国政府对中俄两国茶叶贸易可以说非常重视，1807 年，西伯利亚总督佩斯特尔给护送换届俄国教士团到北京的带队警官 C. 佩尔乌申的训令中说：要尽可能详细地了解中国人对恰克图贸易的看法，听听他们的一般反映，有没有缩小贸易甚至终止贸易的想法。如果有的话，是什么原因。而且，他还不无庆幸地评价说：英国人无法拥有从俄国运往恰克图的所有各种毛皮和其他货物，唯有俄国的气候才允许它拥有这样的天然物产。②

为了进一步了解中国市场，他们还制订了计划："要首先用心在张家口和其他通衢大邑打听是否有英国货物，如有所发现，要了解它们的价格，它们的等级以及中国人喜爱的情况。"③

2. 中国茶商税负更重，经营积极性受挫

（1）清政府加重税收，打击商人信心。晋商辛苦经营万里茶路的国际贸易，但是政府非但不积极扶持，还开始加重税收。从 19 世纪 60 年代开始，清政府对恰克图贸易的态度从漠视变为加重盘剥。

咸丰十年，因为国内政治局势动荡，军饷开支增加，清政府加重了对商业的税收。茶叶贸易不再利润丰厚，茶商的积极性也大大降低。

（2）俄国茶商享受税收优惠。而与此同时，外国茶商却能享受税收优惠，这使中外商人竞争不平等加剧。据 1868 年《贸易报告》分析：作为条约国家的人民的英国商人或是其他外国商人，都可以根据最惠国条约把砖茶运往恰克图，而只交纳每担 6 钱的特别关税。中国人民则不能这样做，仅就关税来说，无论用本国船只或外国船只把茶叶运入天津，他都比外国人吃亏。如果他用外国船只进口，那么他必须在装货港交纳 6 钱。除此之外，在天津到买卖城的各个内陆关卡上，他都必须交纳一定的税款，因为取消半税只适用于俄国人持有的中国物产。因此，在这种情况下，俄国商人和中国商人比起来，当然是受到了保护。1866 年对俄国商人经由天津转往恰克图的茶叶免征半税，大大地促进了俄

① Commercial Reports，1875-1876，Shanghai，p. 27.

② 1807 年 8 月 2 日，西伯利亚总督佩斯特尔给奉派护送换届俄国教士团到北京的带队警官 C. 佩尔乌申的训令，出自俄罗斯帝国对外政策档案圣彼得堡分馆，总档 4-4，目录 123，1805-1809，案卷第 1，第 508-513 页。

③ 1807 年 8 月 2 日，西伯利亚总督佩斯特尔给奉派护送换届俄国教士团到北京的带队警官 C. 佩尔乌申的训令，出自俄罗斯帝国对外政策档案圣彼得堡分馆，总档 4-4，目录 123，1805-1809，案卷第 1，第 508-513 页。

国在天津港口的庄口贸易。[①]

连俄国官员都说：在中国西部地区，从中俄边界直到长城，俄国臣民都享有免税贸易权，这种权利却是连中国人自己都享受不到的。[②]

3. 封建官吏勒索、盘剥

山西茶商通过辛苦的万里行商获得了惊人的收益，但是晋商的经营有道获取的辛苦钱也被封建官僚们看在眼里，记在心上。凡山西茶商，都在承受着各级官吏的勒索之苦。

往库伦、恰克图沿途又要多重盘剥，《蒙事随笔》记载：

"库伦办事大臣一席，为前清著名的美缺。满员营谋者，非二十万金不能到手。……兹有梁鹤年检查旧案，甲项一端，分列四类如下：

库伦办事大臣每年之收入款目表：

第一类 旧额息银　光绪十年奏准

……十二甲商董一百二十两

……

恰克图查验华商部票费八千五百两

……

库、恰出口统捐银六百量

……

库、恰车驼捐银一千五百两

甲商认捐巡防部队饷银一万两

恰克图牲畜出口挂档银八千里昂

恰克图铺户地基银四百七十六两

……"

（四）晋商茶业经营自身存在的问题

1. 制茶工艺落后

清代的中国，虽然资本主义经济也开始缓慢发展，但发展速度慢，还停留在手工业作坊的时代，没有进入机器化的社会化大生产。然而西方人已经完成了工业革命，虽然洋商进入茶叶领域较晚，但他们把机器生产运用到了制茶过程中，极大地提高了生产效率。这是依赖人工作业的山西茶商们无法比拟的。

---

① Commercial Reports, 1868, Tianjin, pp. 1-5.
② 鲍戈亚夫连斯基. 长城外的中国西部地区［M］. 北京：商务印书馆，1980.

当时人也感慨："外国炒茶及解箱板、烫铅罐俱用机器，中国则全用人工，因茶商各谋各业，且股本无多，加之官府盘剥，不能购置办机器。"①

1878年《汉口关册》也记载：用蒸汽压制茶砖，在各方面都已证明是很成功的。机制茶砖，正如所预料的是比手工压茶砖较为整齐，较为坚实，也较能耐旅途颠簸。最后到达西伯利亚目的地时，途中很少损坏。西伯利亚人既重视茶砖外表，很容易理解，完整无缺的茶砖，是会立即受到欢迎的。新旧两法制造茶砖，都有一个严重的缺点，即蒸润茶时把香味全部都蒸掉了。为了补救这一缺点，有一家工厂已经输入了一台水力压机，做成缩成波状的小茶饼，每饼重四分之一磅，叶茶新鲜，原有的方向全存住了。由于携带方便，价格的低廉，还可能逐渐取现在每年由山西陆运的茶叶的地位而代之。

2. 运费高昂

万里茶路起点为福建产茶之地，终点在俄国恰克图，形成数千千米，路途漫漫，一路乘船、车载或骑骆驼，路线长，时间长，耗费大量人力、物力、财力，等茶叶运到俄国，一路的运费也是不小的开支。

时人也指出：（厦门）产茶之处，山路崎岖，艰于挑运，厘税脚费，皆比日本为重，难以振作。② 比起外国商人的火车运输和轮船运输，靠人和牲畜运输的费用就高多了。

（五）外国商人引种茶叶并大力发展，形成茶叶产地竞争

清代后期，西方人越来越喜爱饮茶，甚至俄国、英国等地居民对茶叶形成了一定的依赖，后来，外国商人就开始着手引种茶叶。印度、越南等地土壤及气候适宜种茶，就成为西方国家的茶叶园区首选地，这些外国茶叶种植就会影响中国茶叶出口贸易。外国商人机器生产茶叶，效率高、成本低，提升了外国茶叶的竞争力。

其实，在19世纪后半期，已经有有识之士提出，我国的茶叶出口将走向颓势，当时印度、锡兰、日本出产茶叶渐渐多起来，而且"香色俱美""洋茶日盛，华茶日衰"。分析具体原因为运输便利，使印度出口英国茶叶渐渐代替中国出口英国茶叶。

时人注意到，虽然中国绿茶出口还有优势，但也开始受到来自日本绿茶的

---

① 光绪十四年一月十九日，浙海关税务司康发达申呈总税务司，《访察茶叶情形文件》，第59-60页。

② 光绪十四年二月初七日，厦门关税务司柏卓安申呈总税务司，《访察茶叶情形文件》，第116页。

威胁。

这种情况下，中国对俄出口茶叶的优势就受到了更多的关注。但是，存在的问题也不容忽视，柯来泰在《救商十议》中指出：俄商之所以踊跃，由俄无产茶之地，倘将来印、俄铁路联络，则运费轻便，恐俄惟向印、锡够采，而中国茶务愈不可问矣。[①]

到了光绪十三年，送呈总理衙门的《访察茶叶情形文件》里提到：溯查五十年前，印度地方既不种茶，亦无茶叶买卖；至道光十七年时，始有贩运之事，是年印度有茶叶不过四百斤之数，出口抵英国，从此则产运年多一年。咸丰元年，有印度茶二千石（每石即一百斤）抵英。光绪十二年有五十七万六千石。计自道光年以来，印度之茶年增一年，至于如此之盛。而光绪十三年，其出口之茶已至七十万石之数。[②]

（六）两国政治动荡影响

1. 国内政治动荡的影响

中国国内的政治动荡也会影响到商业正常经营。例如，咸丰三年（1853年），太平军在长江下游的活动使政治形势动荡起来，晋商采办茶叶的主要地区——汉口、福建等地也受到较大影响。俄国在华传教士这样记述：从事恰克图贸易的华商，由于武装暴动者破坏商业城镇，已亏损（银）200万两。为恰克图订购的20万箱茶叶，迄今运到张家口的只有一半。在这样混乱的时期，山西商人未必敢拿自己的资本去冒险。[③]

1868年《天津海关贸易报告》也追溯了当时的情况：输入福建茶叶的商人，蒙受了重大损失。据说，他们的损失达200万两白银。

2. 俄国十月革命彻底终结恰克图市场

受到俄国本土革命影响，俄国茶商和山西茶商都有巨大损失。一次，恰克图五家俄商倒闭，亏欠晋商货款白银六十多万两。俄国革命期间，政局动荡，人身安全都无法保障，更无法保障商业秩序，晋商纷纷撤离恰克图市场。以常家为例，大德玉、大美玉、大开玉、大泉玉、独慎玉在莫斯科累赔140万两白银。[④] 恰克图俄商倒骗华商货款的统计如表1-8所示。

---

① 《救商十议》，卷三十一。
② 光绪十三年六月初十，总税务司申呈总理衙门，访察茶叶情形文件，第11-13页。
③ 格·尔．十九世纪三十至五十年代的北京布道团与俄中贸易 [J]．红档，1932（4）：154.
④ 常士宣，常崇娟．万里茶路话常家 [M]．太原：山西经济出版社，2009：258.

表 1-8　恰克图俄商倒骗华商货款的统计①

华商字号	五家俄商共欠卢布	其中				
		俄哨克	噶尔绉克	吓尔内个夫	哨达个夫	米保尔样夫
祥发永	42351	17182	—	17169	8000	—
大升玉	145398	36564	80986	13126	—	14722
大泉玉	120817	32695	73373	4588	—	10197
独慎玉	149813	49061	54267	32828	9720	3937
兴泰隆	44506	44030	—	476	—	—
璧光发	27165	27165	—	—	—	—
公合盛	46412	10680	20175	8939	—	6618
万庆泰	54611	10334	7315	27933	—	9029
公合浚	28729	6299	6299	—	—	—
广全泰	1867	127	1740	—	—	—
复源德	34198		14286	9414	2406	8092
大珍玉	45766	—	6494	35406	—	3866
永和玉	27682		10722	16960	—	—
兴茂盛	4185	—		4185	—	—
天和兴	2346			2346	—	—
锦泰亨	12954			9012	—	3852
永玉恒	2640	—	—	147	—	2493
合　计	791440	234101	291788	182619	20126	62806

　　1917 年的俄国革命可以说是彻底终结了万里茶路的经营，当"万里茶路最后的贸易商人"常家退出恰克图，意味着晋商经营两百年的跨国贸易商路退出了历史舞台。

---

　　① 清外务部档，恰克图内八甲华商，宣统二年十二月初六。

第二章 万里茶路影响力研究

万里茶路对中俄两国人民经济和生活的影响是比较大的，尤其是对产茶区、晋商故里及茶叶贸易集散地，更是如此。

第一节 中俄贸易对消费结构和消费习惯的影响

一、晋商出口俄国产品，改变当地人消费结构和消费习惯

在万里茶路经营过程中，晋商给俄国带去了很多中国商品，在一定程度上改变了当地人的消费习惯。例如，中国的丝绸得到了俄国各阶层人的喜爱，妇女穿的是半丝织品衬衫，用中国平纹棉布做的裙子和背心以及大衣。姑娘们头包各种色彩的方巾。媳妇们头戴半丝织品三角巾。①

中国的棉布也得到很多人的喜爱，祖鲁海图段的边防哥萨克人，夏天穿褡裢布，一种中国棉布做的长袍，多数是蓝色的。用半丝织品做衬衫，用大布做裤子。来自中国的丝绸也得到了俄国皇室和贵族的喜爱，据说当时俄国上流社会以身着丝绸为荣，不惜重金购买。

山西的山大黄也受到了西伯利亚的居民的喜爱，牧民们还喜欢来自中国的烟叶。

通过贸易，还有更多的丰富的商品进入到俄国境内，丰富了当地人的生活。俄国人形容从中国来的一些商品是"稀奇古怪的东西"，在恰克图似乎从未见过，譬如门帘、椅垫、挂在窗户上的麻纹布、花盆、壁炉的风箱、小铲和钳子，

---

① 渠绍淼，庞义才. 山西外贸志［M］. 太原：山西省地方志编纂委员会办公室，1984.

而从北京运来的珍珠和宝石，在恰克图，除非是偶然，几乎没有这些东西。①

俄国的商人们从中国进口了许多生活必需品，提高了当地人的实际生活水平。尤其是西伯利亚地区，之前由于远离俄国腹地，文化、经济相对落后。晋商把中国的各类商品运往西伯利亚，对改善西伯利亚各民族人民的生活，起到了很大的作用。

二、饮茶之风进入俄国

当然，在万里茶路上最受欢迎的还是茶叶。瓦西里·帕尔申在《外贝加尔边区纪行》中描述：在驰名的恰克图贸易中，俄国商人付给中国商人各种毛皮换回茶叶，这是交易的首要目标。换回的茶叶有：各种花茶、各种字号的茶、普通茶和砖茶等，其中福建省出产的茶叶最好。

因为晋商万里茶路的经营，俄国各阶层开始习惯饮茶，尤其是西伯利亚地区，饮茶成风。《山西外贸志》记载：涅尔琴斯克边区的所有居民，不论贫富、年长或年幼，都嗜饮砖茶。茶是不可缺少的主要饮料。早晨就面包和茶，当作早餐。不喝茶就不去上工。午饭后必须有茶。每天喝茶可达五次之多。爱好喝茶的人能喝 10~15 杯。无论你什么时候走到哪家去，必定用茶款待你。②

茶叶成为当地受欢迎的礼物，两国政府官方间往来，中方也常会送出茶叶作为礼物。一次，中国方面驻买卖城的扎拉固齐受到了俄国方面的邀请招待，之后俄国官员就收到了来自中国方面的回礼，伊万·佩斯特尔特别报告：买卖城的扎拉固齐给康德拉托夫送来了四包砖茶，以赏赐歌手和乐师。③

三、晋商换回皮货、呢绒影响着国内的消费市场

晋商从恰克图贸易带回大量毛皮，这些毛皮运到北京，在达官贵人云集的京师重地，使京城的皮毛销售大增。

晋商从恰克图换回的俄国呢绒被国人称为"哈拉"，一般有三个品种，绿色、深蓝色和深红色。这些呢绒在天津的商店就可以买到，而且销路很广。绿色的哈拉主要是用来铺盖高级官员的官轿；销路较广的深红色呢绒一般供室内

---

① 特鲁谢维奇. 十九世纪前的俄中外交及贸易关系 [M]. 长沙：岳麓书社，2010：87-88.

② 渠绍淼，庞义才. 山西外贸志 [M]. 太原：山西省地方志编纂委员会办公室，1984.

③ 1807 年 10 月 10 日，西伯利亚总督佩斯特尔就清朝边务官员参加 1807 年 8 月 30 日恰克图庆典事呈商务大臣鲁米扬采夫的报告，出自俄罗斯帝国对外政策档案馆圣彼得堡分馆，总档 1~9，目录 9，1806~1819 年，案卷 2，第 38-39 页。

装饰和妇女穿着；深蓝色呢绒销路最广，当时中国人叫"燕尾青"，当时比较富有的人大都用这种料子做马褂。①

四、饮茶之风带动了部分地区餐饮、娱乐业发展

以张家口为例，由于茶叶贸易的推动，各地优质茶叶集中在张家口，当地居民每日饮茶，而且他们不仅在家中饮茶，出门在外也会到专门的茶摊、茶馆饮茶。

当地人有这样的谚语："人分贫富，茶分贵贱。"而且，张家口的茶馆也分多种等级，茶楼、茶肆、茶坊、茶园、茶屋、茶室、茶棚、茶摊等。可以说，当时只要比较热闹的街面，就会有专门的饮茶场所。

最简陋的是茶摊，往往设在路边，不过几条长凳，摊主也只贩买粗糙、廉价的大碗茶供路人解渴，而高档的茶楼则有着气派的场所、精致的茶具、上好的茶叶，除了卖茶之外，还能包办酒菜宴席。

很多茶馆还附带提供娱乐活动，增加茶客的雅趣，有请戏曲名角演唱的，有请评书、鼓书艺人讲传奇故事的。有些评书内容为长篇章回故事，会吸引茶客不断前来，对有些人来说，甚至听书成了主要目的，饮茶倒成了次要之事。约上几个友人到茶楼，一边品茶、一边听书看戏，成了当地人时尚的休闲娱乐方式。

第二节　中俄跨国商路对产业结构和经济版图的影响

一、万里茶路经营对产业结构影响

（一）对俄国产业结构影响

中俄茶叶贸易起初是物物交换的形式，俄国主要用来交换的特产是毛皮，所以毛皮产业得到了巨大的发展。因为牧民喜欢中国烟叶，所以俄国在西伯利亚建起了制烟工厂。由于来自中国的纺织品增加，刺激了俄国纺织业的发展。

---

① Commercial Reports, 1868, Tianjin, pp. 4-5.

商业的繁荣也加快了俄国私人资本的周转。山西商人经万里茶路运到俄国的物品几乎都是非常受欢迎的商品，俄国商人可以很快出手，还卖出高价。恰克图的贸易促进了俄国对外贸易的发展，不只是中俄两国贸易大规模发展，很多中国商品，尤其是茶叶，还经过俄国商人的专卖，辗转流入到其他国家。

俄国商人为了更多的利润，后来还深入中国内地购茶，还亲自办起制茶工厂，俄国资本也加大了对茶叶生产各环节的投入。

此外，俄商纷纷投入到中俄贸易中，逐渐形成了恰克图贸易的六大商帮，科尔沙克编写的《俄中通商历史统计概览》描述，这些商帮都是以地名命名的，经营毛皮、皮革呢绒等物：

(1) 莫斯科帮：经营商品为呢绒、海象皮、海獭及其他俄国货。

(2) 土拉帮：输出羊羔皮、猫皮和小五金。

(3) 阿尔扎马斯克帮：输出兰狐皮和北极狐皮。

(4) 托波尔斯克帮：经营皮革、貂皮、狐皮和毛外套。

(5) 伊尔库茨克帮：经营皮革、貂皮、狐皮和毛外套。

(6) 喀山帮：经营皮革制品。①

(二) 对中国产业结构影响

1. 毛皮产业

中俄贸易拓展了俄国的毛皮贸易市场，大量来自西伯利亚的毛皮进入到中国。这些毛皮被山西商人运到北京等地售卖，毛皮出售、再加工等行业都得到了快速的发展。例如，张家口就有很多从事毛皮加工的工匠。

2. 运输业

在茶叶运输沿线上，运输业较为发达。晋商贩运茶叶，涉及水路和陆路运输。在陆路交通中，主要依靠马、牛、骆驼等畜力运输。夏天水草丰盛的时候，多用牛、马运输；冬天野草枯萎的时候，骆驼运输就更为适宜。

有些地方出现了专门养骆驼的驼店，有些大的驼店有骆驼四五百峰。因为茶叶运输频繁、量大，出现了驼帮、马帮、牛帮。

被誉为"东方茶叶港"的汉口，也是万里茶路重要的转运码头，因运输业务繁忙，为很多体力劳动者创造了就业机会。日本外务省《清国事情》记载：武汉三镇工厂职工不下三万，特别是百货集中的汉口，苦力据说达九、十万人。

---

① 渠绍淼，庞义才. 山西外贸志 [M]. 太原：山西省地方志编纂委员会办公室，1984：49.

在张家口，除了商号外，当地最多的就是运输行，此外还衍生出相关的"装卸业"，当地称为"脚行"，主要从事车马装运、小型搬运及清理库房等。装卸业的从业人员一般没有固定组织，其实就是出卖劳动力的"零工"，他们每天早晨在当地"大河套"集中，等待生意。

其他得到促进的行业还有涉及茶叶周边产品的。可以说，只要与制茶、毛皮处理相关的行业都会得到发展。

二、改变了地域经济版图

（一）俄国经济版图的改变

恰克图本来是俄国边境一个没有名气又贫寒的地方，后来因为边境互市选在了这里，使之拥有了特殊的使命。

刘选民在《中俄早期贸易考》中记载：康熙初，恰克图已稍成聚落，至雍正初则规模略具矣。雍正七年奉旨：著于该处设立市集，并派理藩院司具，三年一换，驻劄总理。由是俄罗斯咸归恰克图贸易矣。[1]

政策允许了，晋商就开始了辛苦的商业旅程。万里茶路开拓出来，晋商的足迹走到这里，恰克图慢慢就变成西伯利亚有名的市场，交易额逐年增加。

18世纪末，各地来的客商使这里热闹繁荣，甚至连欧洲的商人对恰克图贸易都垂涎不已。

1866年的《贸易报告》评述：俄国和中国的全部贸易，从一开始就集中在俄中边境上的恰克图城。所有合法地输入俄国的茶叶，都在这里与俄国的衣料和其他的制成品相交换。茶叶是帝国最大的垄断贸易，这项消费品的税收是海关收入的主要项目，而且茶叶贸易在事实上是这样的重要，以至于入口茶叶的价格和数量，到如今还能影响下诺弗哥罗德的大市集的大多数商品的价格。[2]

恰克图因为晋商万里茶路的经营，从一个无人问津的荒凉之地变成俄国有名的富庶之地。"嗣是百货云集其地，市肆喧闹，称为漠北繁富之区。"[3]

当时，俄国人称："一个恰克图可以抵得上三个省。"[4] 19世纪上半叶，俄国在恰克图一关的收入就占到全国关税收入总额的15%～20%。[5] 可见与晋商的

① 刘选民.中俄早期贸易考［J］.燕京学报，1936（25）：183.
② Trade Reports, 1866, Tianjin, pp.104-105.
③ 何秋涛.朔方备乘［M］.上海：老古文化事业公司，1981：18.
④ 瓦西里·帕尔申.外贝加尔边区纪行［M］.上海：商务印书馆，1976：136.
⑤ 李康华.中国对外贸易史简论［M］.北京：中国对外贸易出版社，1981：420.

茶叶贸易对俄国的重要性。

而且，恰克图的关税收入，是以进口茶税为主的，1841~1850 年收到的茶税为 4808084 卢布，1851~1860 年，收茶税 4872990 卢布（1751~1800 年哈克图互市交易客见表 2-1）。[①]

表 2-1 1751~1800 年恰克图互市交易额[②]

年份	俄国及外国的（卢布）	中国的（卢布）	总计（卢布）	关税（卢布）
1751	—	433133	—	—
1752			约 700000	56321
1753				52311
1755	606084	230981	837065	193173
1756	450768	241252	692020	157183
1757	421878	418810	840689	147215
1758	525999	511072	1037070	178876
1759	718144	698975	1417130	230481
1760	699940	658331	1358271	238155
1761	391469	610597	1011067	230840
1762	522417	553186	1075633	199670
1763	302797	401607	704405	179065
1764	137493	158236	295729	59525
1765	149874	244478	394353	90471
1766	28489	15715	44204	约 10000
1768	65612	45300	110912	11024
1769	1074651	928984	2003635	401707
1770	1351977	1271738	2633715	495290
1771	1246410	1142510	2388921	451342
1772	1002518	934121	1936640	389269
1773	1140185	1153992	2294177	397420
1774	1227760	1120817	2348517	444998

① 姚明辉.蒙古志［M］.中国图书公司，1907.

② 谢米夫斯基.中国案卷·对华贸易［M］.台北：文海出版社，1966：169-170.

年份	俄国及外国的（卢布）	中国的（卢布）	总计（卢布）	关税（卢布）
1775	1365825	1278584	2644409	453278
1776	1138791	1401915	3040706	500400
1777	1440546	1342127	2782673	479061
1778	794539	667253	1461392	277599
1780	2700182	2700187	5400375	545979
1781	3735311	3735311	7570629	706219
1782	3520342	3520342	7040684	662850
1783	2789176	3789176	5548353	509148
1784	2413356	2413356	4826713	431601
1785	1805926	1805926	3611852	347579
1792	2467979	2467979	4934559	509830
1793	3549432	3549432	7098864	515581
1794	2522941	2522941	3045883	527070
1795	2720285	2720285	5440571	532393
1796	2551764	2551764	5103528	488320
1797	2378750	2378750	4757500	414277
1798	2783942	2784942	5567885	509684
1799	3677823	3677823	7355647	698487
1800	4191923	4191923	8383846	715364

注：表中某些年份数据起伏较大，是因为恰克图贸易曾经多次因为政治、经济影响而中断或者受到打击。

马克思在《俄国对华贸易》中也指出：这种由1768年叶卡捷琳娜二世统治时期订立的条约规定下来的贸易，是以恰克图作为主要的活动中心，恰克图位于西伯利亚的南部和中国的鞑靼（蒙古）交界处，在流入贝加尔湖的一条河上，在伊尔库茨克城一百英里，由于这种贸易的增长，位于俄国境内的恰克图就由一个普通的要塞和集市地点发展成为一个相当大的城市了。[1]

而且，不仅仅是恰克图，事实上整个西伯利亚的经济状况也得到了促进和发展。因为俄中贸易，西伯利亚在俄国贫困落后的状况得到了很大程度上的改

①　卡尔·马克思. 俄国对华贸易［N］. 纽约每日论坛报, 1857-04-07.

善。俄商把茶叶向俄国境内运输的过程中，沿线的多个城镇也繁荣起来，如诺夫哥罗德就成了远近闻名的茶叶集散中心。

俄国有学者描述：随着对华贸易的发展，俄罗斯民族，尤其是西伯利亚的俄罗斯民族的福利已经得到了改善，商人和军役人员都过着阔绰的、完全中华式的生活：房间里的家具、壁纸、画、玩具娃娃、花瓶、灯、旋转宫灯、瓷器、搪瓷和涂漆餐具、柜子、用具、水果、花生、果酱、马车、服饰等所有一切都是中国的，甚至风俗习惯也是中国的。

中俄茶叶贸易对俄国西伯利亚地区有着深远的影响，当地经营茶叶的商人们的社会地位得到很大的提高，他们甚至一度成为西伯利亚举足轻重的群体。

在中俄贸易规模扩大之前，整个俄国对西伯利亚是轻视的，认为那里是不毛之地，当地人也都是穷人。1699 年，沙皇的训令中这样说道：（西伯利亚）有些商人，在征收钱款及实务税方面，无论什么税都没有人对他们抱有信心，因为他们是"贫乏的人"。但茶叶贸易使西伯利亚商人很快摆脱人们对他们贫乏的印象，18 世纪末，许多人已经富裕起来，成为在许多西伯利亚许多城市中占统治地位的高贵市民。[①]

（二）茶叶贸易拉动地方经济

晋商开展长途茶叶贸易，沿线很多地方，无论是产茶地、交通枢纽，还是茶叶集散地，都因之拉动了经济发展。

以羊楼洞为例，这个名气并不很大的古镇，因为山西茶商开始在这里制茶，而引起了商界更多的瞩目。虽然羊楼洞的制茶叶古已有之，但羊楼洞砖茶蜚声海内外，还是在晋商把这里当作制茶的据点开始。

光绪中期后，晋商建立了茶叶加工厂，进行大规模的生产。威廉·乌克斯描述，山西茶商（在羊楼洞）常设临时办事处，开设工厂，该地数千农民及其家族从事制造砖茶。[②]

除晋商之外，还有其他外地商人前来经商，甚至外国商人都有特意前来的，茶叶贸易的兴盛使这个小镇的繁荣达到了一个顶点。

湖南临湘一带，因为晋商到来，也欣欣向荣起来。当地有这样的歌谣：

外厢茶店内客房，茶具香茗小榻床。

细细芬芳香满堂，只因晋商返茶乡。

---

① 西林. 俄中贸易关系——十八世纪的恰克图 [M]. 伊尔库茨克：伊尔库茨克州出版社，1947.

② 威廉·乌克斯. 茶叶全书 [M]. 北京：东方出版社，2011：165.

从歌谣中可以看出，当地人对于山西茶叶商人带来的经济繁荣，是非常感谢的。他们愿意高规格接待远道而来的茶商。

再如河南的赊旗镇，本是地处偏僻的小镇，人口很少。然而万里茶路经过此地后，赊旗镇就成为一个重要的商埠。这里是茶叶运输水路终点。满载茶叶的船只来到这里，由水运转为陆运，赊旗镇是一个转折点，大批的商人聚集在这里，最盛时有十多个省份的茶叶商人来到这里。赊旗镇在过去又名"赊店"，当时人称，"天下店数赊店"，就是指当地服务业的繁荣。商人在这里歇脚、装运、住店，当地的客栈、货栈自然发展起来。

该地运输业、住宿业、餐饮业自然发展起来，如"过载行"这样新兴的行业也出现了。随着茶路的发展，赊旗镇渐渐从商路中转站发展为商品集散地。

还有江西铅山的河口镇也因茶路而闻名。因为茶路发展，河口镇成了一个大码头。福建的茶叶通过梅溪往北，进入江西，抵达河口镇，晋商的茶叶在这里集结装船，开始长途水运，一路从信江顺水而下，进入鄱阳湖。河口镇成了万里茶路真正的水运起点。茶叶贸易带来了巨大的运输业务，把河口镇推向了一个繁荣的新篇章。

恰克图贸易的发展，还带动了一些原先荒凉的沙漠、草原地区，促进了一批城镇的发展。

（三）促进解放劳动力

茶叶贸易的繁荣让更多的人看到了新的出路，晋商中成功的经营者起到了很好的示范作用，越来越多的山西人"走西口""走东口"外出经商。山西有限的土地无法养活更多的人口，农村剩余劳动力能够有效转化为商业从业人员，这是对劳动力的解放。

在茶路必经的城镇，原先无业的闲散人员可以每天争取到做零工的机会，在张家口等地，从事装卸、搬运等工作的工人数以万计。

繁荣的茶产业不仅为男性劳动者提供了更多的就业机会，而且解放了妇女的劳动力。在封建社会的中国，"男主外、女主内"是社会秩序的一部分。女性"大门不出、二门不迈"是常有的事。

但是，我们知道，经济基础决定上层建筑。即便是在一个家庭中，也是如此，赚钱养家的男人掌握着经济基础，自然就成为一家之主，拥有更高的地位。在封建礼教中，有的说法让女人"以夫为天"，三从四德更是把女人的一生置于家庭中男性的掌控之下。在家从夫、出嫁从夫、夫死从子。父亲、丈夫，甚至儿子，都可以掌控女性命运。究其原因，无非就是女性没有自己的收入来源，所以要仰仗男性供养。

不是没有女性想要抗争，改变自己的地位，但是中国封建社会，以农为本，主要的生计来源就是农业，在耕种方面，女性在体力上有着天然的弱势，所以"男耕女织"就成为理想的家庭经济结构模式。

虽然在传统社会中，女性在家庭中付出也不少，相夫教子，照顾老人、孩子，但是家务劳动没有社会化，没有市场化，没有形成交换价值，也因此得不到重视。这就是为什么在传统社会中，女性即便是日日劳作，也得不到重视的原因。

商业的繁荣是会带来更多的机会，但是这个机会，也多数是青睐男性的。毕竟在封建社会时期，女性外出去跟男人竞争，还是要困难得多。

但是茶叶生产有着特殊之处，有一些生产环节恰好适合女性工作。特别是采茶，在某些环节甚至成了女性为主的工作。

清末，湖南产茶地有这样的茶歌：

何处笙箫入耳闻，采茶乡里送歌声。

未成板调未成曲，别有清音更动情。

郎采茶兮山之岭，女采茶兮伴山足。

山高上下不见人，风送茶歌两想属。

还有拣茶女工的歌谣：

小小年龄将破瓜，晨妆甫竟即离家。

此邦儿女无多事，强半生涯是拣茶。

贫女来自乡间多，呆气重重可奈何。

每笑不知仆役贱，相逢也是唤哥哥。①

我们从这些歌谣中可以看出，当时由于山西茶商的带动，产生了采茶、拣茶等一些适合女性的工作岗位，无论城市、乡村的女孩儿都可以找到工作。当女性获得就业机会，就意味着原先被困在家庭中的劳动力得以解放。这对于地方经济的繁荣是很大的推动。对于当地女性自身来说，也是提高社会地位的机会。

---

① 常士宣，常崇娟. 万里茶路话常家 [M]. 太原：山西经济出版社，2009：224.

第三节　对殖民掠夺的替代效应

一、和平方式获得商业利益

清朝初年，俄国人对中国是有侵略野心的。17世纪，俄国的对华政策是领土扩张和贸易拓展并进。俄国一边指示哥萨克在我国黑龙江流域大肆进行野蛮抢掠，侵扰、伤害我国居民；另一边又不断地派出使团和商队来华访问，企图获得商业利益。

但当时的清政府治理比较有效，清朝军队战斗力与俄国不相上下，迫使俄国不得不放弃侵略野心，《尼布楚条约》是清朝对帝国主义国家的合约中少有的平等条约。

《清史稿》中描述，"清初，俄东部有罗刹者，……抵黑龙江北岸，据雅克萨、尼布楚二地，树木城居之，侵扰诸部。嗣又越兴安岭南向，侵掠布拉特乌梁海四佐领。崇德四年，大兵再定黑龙江，毁其城，兵退而罗刹复城之。顺治中，屡遣兵驱逐，以饷不继而返。十二年及十七年，俄察罕汗两附，贸易人至京奏书，然不言边界事。康熙十五年，帝召见其商人……令管束罗刹，毋扰边陲。既而罗刹复肆扰，帝命黑龙江将军萨布素围雅克萨城。……二十八年冬十二月，与俄定黑龙江界，立约七条"。

但有中国这样一个充满了利益诱惑、经济体制又较为落后的大国比邻，俄国始终没有放弃对中国进行掠夺的野心。虽然《尼布楚条约》确定了两国边界及睦邻友好的基调，但是俄国方面蠢蠢欲动的掠夺之心从来没有真正完全打消。

一场胜仗只是暂时让俄国不能轻举妄动，但是他们并没有打消从中国获得巨大利益的想法。

真正让俄国人在此后多年放弃军事侵略的是万里茶路带给俄国的商业利益。能够用和平的方式获得巨大的商业利益，俄国就没必要进行军事入侵了。

俄国官员提到两国的和平局面也评价过：俄国当年对划定边界感到完全满意，因此绝不会卷入一场无法避免的战争。这样的战争可能会撼动伟大中华模范帝国的内部统治。这是什么原因，起因是什么呢？是土地，是那块荒凉的土地，它不能给中华帝国带来任何好处。①

这位官员是四等文官阿列克谢·科尔尼洛夫，他的分析认为，中俄在《尼布楚条约》后，没有再起战事，是因为俄国对当年划定的边界满意，同时中国对西伯利亚荒凉的土地不感兴趣。但是，这只是解释了中国不会入侵俄国的理由，并没有完全解释俄国不入侵中国的理由。虽然，他说到了俄国对边界满意，但其实这并不能解释俄国没有再起战事。因为其他西方国家后来对中国进行了侵略，他们离中国很远都垂涎中国的利益，更不要说与中国接壤的俄国了。真正的原因是，两国通过通商达到了互通有无的商业利益。俄国已经得到了想要的价值，就没必要再发动战争了。

俄国商人当时评价说：将在恰克图以一磅二卢布的茶价，转运至圣彼得堡，以三卢布的价钱卖掉，赚利五成。② 还有记载：1839 年在恰克图以七百万元购买的茶叶，在下哥罗德市场上卖一千八百元。③

马克思也关注到了恰克图的贸易，并表示赞赏，"相对于英法用武力来扩展的对华贸易和往来方面，俄国所处的地位显然是令人极为羡慕"。马克思讲这句话的背景是，当时英国、法国这两个殖民国家，为了掠夺利益，常常发动侵略战争，迫使落后国家接受不平等条约，或者对于一些没有建立起国家机器的地区，就直接进行野蛮的杀戮和掠夺。

但是中俄茶叶贸易却是在和平基础上，由双方政府协商达成一致，由两国商人共同推进的。马克思在研究中用赞赏的口气评价说：俄国不需要花费一文钱，出动一兵一卒，却比任何一个参战国得到更多的好处。

二、中俄茶叶贸易对俄国的牵制作用

如果俄国方面有侵扰中国人民权益，清政府就会表示要"绝其恰克图贸易"，以使俄国退让。《清史稿·邦交志气》中记载：三十三年潜使入贡时，有二逃犯入俄，索之又不兴，绝其恰克图贸易。三十三年秋八月，复俄恰克图互市，理藩院设库伦办事大臣掌之。五十四年又以纳叛人闭市，严禁大黄、茶叶

---

① 阿列克谢·科尔尼洛夫. 关于俄中边界之我见［M］//B. C. 米亚斯尼科夫. 19 世纪俄中关系：资料与文献，第 1 卷，1803-1807（下）. 广州：广东人民出版社，2012：1538-1539.

② 佐伯富：《清代的山西商人与内蒙古》，载［日］藤原弘道先生古稀纪念会刊行《纪念藤原弘道先生史学佛学论集》，1973 年 11 月。

③ 姚贤镐. 中国近代对外贸易史资料［M］. 北京：中华书局，1962：128.

出口。俄人复以为请。①

中俄万里茶路的经营，让俄国在对中国的态度上要有所顾忌。恰克图市场数次因为政治原因关闭、重开，双方政府的博弈中，中国人因为手握茶叶贸易的主动权，而占据一定的优势。

另外，中国商人用茶叶换毛皮，也为俄国人解决了困境。西伯利亚生产毛皮，但是俄国的国内市场是有限的，当毛皮充斥市场，国内市场其实已经饱和。这种情况下，俄国就要为大量的毛皮寻找海外买家，开拓国外市场。中国与俄国相邻，有众多的人口，而且毛皮销量不错，是绝好的毛皮出口地。对于俄国毛皮产业，中国是最理想的国外市场。所以，俄国不能失去中国这个市场，想到巨大的商业利益，俄国对华政策就要慎重。

恰克图贸易给两国政府都带来了经济方面的利益，这一和平利益交换方式的存在，使俄国对中国的"侵略野心"在很大程度上被遏制。不仅如此，恰克图的茶叶贸易还有利于清政府对蒙古的统治。这是因为恰克图贸易的发展，促使商人涌入蒙古地区，很多旅蒙商人同时也兼营赴俄茶叶贸易。为了保证商队顺利经营，政府就需要在中国内地到恰克图间沿线设立交通站点，并配置清朝士兵负责警卫。

三、促进了两国的国际合作与友好往来

在中俄贸易过程中，两国的关系和对商业的态度至关重要。没有政治层面的保障，商路是无法顺畅的。《尼布楚条约》和《恰克图条约》的签订，是在国家层面保障了万里茶路的开启。为了国际贸易顺利开展，中俄两国政府多次因贸易问题进行磋商。应俄国商人的恳求，清政府对俄国赴京贸易的商队人数和期限都进行了一定程度的放松。

后来，在北京与恰克图之间，两国还建立了定期的、直接的邮政交通用以传递公文。这条终年可以通行的邮政之路，建设起来并不容易。恰克图到北京路途遥远，途经只能由骆驼通过的沙漠戈壁，为了两国的贸易的顺利，政府特别修建公路，服务于邮政。

欧洲人注意到俄国在北京派驻使节的优先权，评价说，俄国对中华帝国的关系很特殊。

《恰克图条约》订立后，中俄双方在恰克图共同建设。1728 年，俄国官方

---

① 赵尔巽. 清史稿·邦交志气 [M]. 北京：中华书局，1998：1-4.

还直接插手恰克图的规划，甚至军队也参与过市场建设。在很短的时间俄国官方就调集了工人、士兵、车辆、马匹等人手和物资。官方出资在城里建起了住房、酒店、铺面、仓库等，而且在1728年当年就完工了。过了不到一年，在与俄方贸易城的旁边，中国商人（基本都是山西商人）集资建起了"买卖城"。①

俄国方面还设立了衙门，并派出一名监察，其主要职责就是收取关税，监察之下配有两名助手。中国政府也设立监视官一名，人员由理藩院派出，两年一换。②还有记载说，两国在本国市圈派驻30名军人，由两国同级军官管理。③

在俄国官方派出商队赴京贸易之时，中国政府也会安排地方政府沿途接送，在早期，还曾经免费安置食宿。

茶叶贸易的影响力之大，改变了中俄两国之间的外交生态。因为互惠互利的经济关系，两国官员往来之间也常常是友好的氛围。他们会互相祝贺对方国家的节日，在日常往来中，也常有礼物互赠。我国的外交礼物常常是茶叶和其他土产，而俄国方面是以毛皮为主。

例如，1808年，库伦办事大臣蕴端多尔济和福海的公函里描述：去年贵国教士团前往我国京城，我等每人获赠黑褐狐皮两张，松鼠皮两百张，海龙皮两张，为表示我等友谊，特奉上礼品：红花织锦缎一整匹，白毫花茶四箱。④

1806年俄国外务院驻恰克图特派员伊兹马伊洛夫同清朝边境当局交涉的日志中提到：4月1日，中国买卖城扎拉固齐派两名章京来见我，祝贺我们的节日，请求按例收下面包、盐、茶叶1小箱、水果若干、酒和活羊一只。向送礼者赠送：两名章京价值4卢布的狐皮各1张，两名蒙古人棉织头巾各一块。为了回礼，次日我派百人长纳济莫夫和十三等文官利亚霍夫送去附件齐全的五味瓶一套、一俄升装白酒1瓶、14俄磅重白糖1大块和屠宰好的羊一只……他收下礼物，高兴地吩咐向我道谢，赠给送礼去的百人长纳济莫夫绸缎1匹，增给十三等文官利亚霍夫纺绸1匹，赠给随行3名哥萨克砖茶6块。⑤

库伦办事大臣福海曾奏报：前不久，奴才福海于呈递奏章后视察了库伦以

---

① 高春平. 国外珍藏晋商资料汇编［M］. 北京：商务印务馆，2013.

② 《朔方备乘》卷三十七。

③ 尼古拉·班什蒂-卡缅斯基. 俄中两国外交文献汇编［M］. 北京：商务印书馆，1982.

④ 1808年7月15日，即嘉庆十三年六月十五日，库伦办事大臣蕴端多尔济、福海就发送绸缎、茶叶以为礼品一事致伊尔库茨克民事省长特列斯金的信。出自俄罗斯帝国对外政策档案馆圣彼得堡分馆，总档4-4，目录123。

⑤ 俄罗斯帝国对外政策档案馆圣彼得堡分馆，总档1-9，目录8，1806~1818年，案卷2，第88-91页。

北至恰克图一线十一处喀尔喀邮驿。据奴才观察，双方贸易诚实，俄人对我尊敬。许多俄国商人得知奴才等来临，均前来造访，脱帽躬身敬礼。他们的少校亚历山大少校前来晋见时衷心请安问好，奴才亦好言予以抚慰教导，待以茶点，并给予殊荣，赐予两匹绸缎和茶叶。①

在中俄贸易史上，大多数时间里，两国商人友好相处，遇到困难能够互助互济。据史料记载：自乾隆五十九年以来，恰克图我方栅栏两次失火，皆俄罗斯派人一同扑灭，前往恰克图章京恩赏俄罗斯一包冰糖、二篓茶叶。俄罗斯栅栏失火一次，我方亦派人协助扑灭，伊等赏我全牛。②

俄国人在《外贝加尔边区纪行》中描述：他们甚至在不做买卖的时候也从早到晚待在恰克图，串门、吸烟、闲聊。如果当时主人正忙于做某件事，可以完全不必照应他们，而他们自己也同样不去麻烦主人。因此正如俄国人所说，他们是每日都来的常客、朋友。在这时（过阴历年），中国人不再拘束，颇有西方风度。

从这段描述，我们可以知道，当时的外国人在恰克图看到了中俄两国人民的融洽相处，在他们眼里，中国人热情好客，招待俄国客人周到大方，而在俄国人看来，中国人会主动联系，融洽感情，又不给主人添麻烦，是"常客""朋友"。

当时美国学者都注意到：从恰克图到北京每月定期通邮一次，两国商人都可以到对方国家去访问。在此以前俄国大使馆已经在北京建立，俄国人由于他们在北方的优势和影响，由于他们从驻在北京的由来已久的传教团所得到的详细知识，由于他们在轶靼离地区的国际贸易，以及人们在过去二百年来对俄国商品的熟悉和应用，一定会使俄国在中国内地获得其他各国商品的熟悉和应用。③

这是对中俄关系融洽的一个客观描述，同时也多少能感觉出来，其他西方国家在看到俄中两国关系靠近时，对俄国在华贸易上的优势有些警惕和担心。

---

① 1807 年 11 月 20 日，库伦办事大臣福海就视察库伦以北驿站及访问恰克图事呈嘉庆皇帝的奏章，出自蒙古国立中央历史档案馆，藏档 M-1，案卷 663，213-214 页。库伦办事大臣衙门满文抄文簿抄件。

② 中国第一历史档案馆：《佛尔卿额奏恰克图俄栅栏失火我方派人扑灭俄省长赏赐物品折》。

③ 查尔斯·佛维尔. 西伯利亚执行 ［M］. 上海：上海人民出版社，1974：295.

第四节 万里茶路的文化影响力

一、万里茶路上的文化交流

（一）戏曲传播

在万里茶路经营中，晋商不仅进行了大量的商业活动，还进行了积极的文化传播。例如，戏曲的推广和传播。在万里茶路枢纽张家口，晋商除了建立商号、钱庄、票号，还建立了茶馆、戏楼。

有些地方，晋商还集资办戏班，传播山西戏曲。山西的戏曲俗称梆子，是在乾隆、嘉庆年间兴盛起来的，有着浓郁的地方特色。晋商到外地经商，也会把家乡戏曲带到该地。以张家口为例，山西戏曲在张家口传播、发展，广受欢迎，至今张家口人爱听的戏曲依旧是山西梆子。

在万里茶路重镇，张家口、汉口等地，都有山西会馆，会馆内多有戏台，逢年过节，或者初一、十五，或者同乡聚会，都是唱大戏的时候。

有的山西梆子剧团甚至跟着商队到很远的地方，如库伦、恰克图去演出，连俄国都有过山西戏曲演员的身影。

山西戏曲的传播还客观上促成了某些新的戏剧剧种的出现，有些地方把晋商带来的山西梆子与本地原有的传统艺术相融合，创出新的地方戏剧。

远在库伦的关帝庙，每年到了夏天，晋商会从内地请来山西的戏班唱大戏，每每唱大戏的时候，都会引来当地很多人围观，热闹一时。

晋商甚至把晋剧带到了俄国，瓦西里·帕尔申《外贝加尔边区纪行》中描述了恰克图的买卖城里中国人过节时候请来戏班给大家唱大戏的情景：戏台搭在离买卖城大街不远的广场上，像个有遮拦的棚子。买卖城里演的戏，全是些插科打诨。但似乎还能迎合观众的趣味。我看了一出喜剧和一出英勇壮烈的悲剧。悲剧里有生、旦、净、丑、童生、神仙鬼怪等角色，从头到尾都是武打。从中国人为演员们的滑稽表演狂呼叫好中可以看出，他们是非常喜欢喜剧的。①

---

① 瓦西里·帕尔申. 外贝加尔边区纪行［M］. 上海：商务印书馆，1976：53.

（二）关公文化传播

关公本是山西运城人，生于汉朝末年，是三国时期的一位英雄人物。因为《三国演义》而成为家喻户晓的人物。但是在山西，在关公故里，一直都有关公崇拜文化。人们祭祀关公近两千年，甚至把关羽神话，称为"关帝"。

关公崇拜的内容有对关公忠勇的崇拜，山西人民奉其为"武神"。还包括对关公忠义精神的崇拜，人们将其当作道德楷模，学习他的精神。另外，山西商人还格外尊重关公的诚信精神。晋商对"诚信"非常看重，提出过"以城取信，以仁取利"。关公的信义精神符合了晋商经营中的自律要求，于是成为晋商推崇的对象。

晋商走到哪里，就把关帝庙建到哪里（关帝庙就是祭祀关公的庙宇），他们会举办大型的祭祀活动，既为了凝聚人心，也是给当地人民看，让大家了解，山西商人是把诚信看得至关重要的。

凡是晋商足迹走过的地方，都有关帝庙，晋商组成的行会常常一起祭祀关公。有时候，被允许祭祀关公是一种资格，被同行认可的资格。有些地方的晋商行会发现有不诚信的商人，会用禁止其祭拜关公作为惩罚。

晋商的这种商人信仰使关公精神传扬天下，山西商人到省外经营，在全国多地建立的各种商业行会，都会供奉关公，当时全国各地的关帝庙大部分都是由晋商出资修建的。

在万里茶路后期茶源地安化，有一口洪钟，重达千斤，是清乾隆二十八年（1763年）晋陕茶商捐赠的。钟上的铭文为"大清国山陕两省众商人等捐资善铸洪钟一口，重千余斤，于湖南省长沙府安化县十三都桥口关帝庙永久供奉。乾隆二十八年岁在癸未季春孟旦"。这座古钟已有200多年历史，它见证了山西商人于乾隆年间在安化经营茶叶的历史，大钟是供奉于关帝庙的，这也同时见证了晋商在关公精神传播中的推动作用。

（三）民俗文化交流

在恰克图，常年居住着山西茶商，他们把一些中国的节日和民俗文化带到了异国他乡。每年中国春节期间，恰克图的晋商们都会张灯结彩庆祝，这座俄国边城就呈现出节日的狂欢。当地俄国商民也乐意参与到中国春节活动中。

瓦西里·帕尔申的《外贝加尔湖边区纪行》描述了当时中俄两国的人民过春节和元宵节的热闹气氛，"彩灯成行，辉映如昼……游人虽冻得发抖，却乐不可支……中国商人非常殷勤地招待客人，不厌其烦地请客人吃各种甜食及喝马德拉酒和香槟酒。他们接待普通的客人也同样亲切、殷勤。妇女们往往带着孩子及慈祥的双亲成群涌进商铺，毫不客气地大嚼糖果，痛饮给他们这些不拘礼节的客人端来的绍兴醇酒和中国草浸酒"。很多俄国人特意赶到买卖城来观赏中国的彩灯和焰火，以及中国艺人的文艺表演。春节后不久就是元宵节，到了元宵节时，依然是华灯高照，热闹喜气。

二、语言交流和汉学传播

(一) 茶路上的语言交流

在茶路上，晋商被称为"三条舌头的商人"，这是因为，很多经营茶叶贸易的山西商人同时兼营对蒙和对俄贸易，所以需要掌握蒙语和俄语。

茶路上流传一首民谣：

一条舌头的商人吃穿刚够，

两条舌头的商人挣钱有数，

三条舌头的商人挣钱无数。

如果只会说汉语，那就是"一条舌头的商人"，掌握了汉语、蒙语的就是"两条舌头的商人"，同时会汉语、蒙古语及俄罗斯语的就是"三条舌头的商人"。常年对蒙古和俄罗斯的茶叶贸易中，很多山西茶商都或多或少掌握了蒙语和俄语。

在蒙古和俄国边境，有些俄国人会说蒙古语，但不会说汉语，他们有时候就跟会蒙语的中国商人用蒙语进行贸易。

在蒙古经商的山西商人们，潜心学习蒙族语言，旅蒙商人还自行编纂了《蒙古语言》，作为工具书。商人们把蒙语工具书的手抄本视为珍宝，代代相传，而且还会不断补充新词汇，使之完善。①

有人为了学习俄语，还在俄国留学。汾阳县一个叫吕凤翥的先生，曾在清末在恰克图从事过对俄贸易。他自述道："因为我的姨丈在俄国圣彼得堡经商，我早年被带往俄国随姨丈生活。我先在俄国的上乌金斯克上学，数年后有了俄语基础，即被介绍到恰克图的'碧光发'商号。"②

---

① 渠绍淼，庞义才. 山西外贸志 [M]. 太原：山西省地方志编纂委员会办公室，1984：34.
② 渠绍淼，庞义才. 山西外贸志 [M]. 太原：山西省地方志编纂委员会办公室，1984：41-42 页.

中俄两国在签订《尼布楚条约》时，两国发现找不到合适的翻译，只能靠一个葡萄牙传教士和一个法国传教士用拉丁语进行交流。之后，在两国往来中，清廷意识到了翻译人才的匮乏，外交工作遇到了很多麻烦。

由于与俄国政治、经济往来日益频繁，康熙皇帝决定创办文馆，培养通晓俄语的人才。1708 年，一所名为"俄罗斯学"的外语学校就开办了①。1715 年起，俄国向北京派驻东正教传教使团，这些传教士们就成了教授中国学生俄语的老师。②

（二）汉学在俄国的传播

随着中俄贸易的发展，俄罗斯一度兴起汉学热。在学习汉语和中国文化的人中，出现了一些早期的汉学家。

尼基塔·雅科夫列维奇·比丘林，是一位汉学专家，也是俄国的中国学和东方学奠基人。比丘林不仅是一位学者，同时也是一位教士。19 世纪初，他作为俄罗斯驻华宗教使团团长抵达北京，在中国生活十多年。

他学习了汉语、满语，收集中国文化典籍，并进行翻译，把这些典籍介绍到俄国。回到俄国，他撰写了很多关于中国的文章和著作，介绍中国古代历史以及当代社会（清代）的情况。他不仅进行了汉语字典的编写，翻译了一些儒家经典，还研究了中国的宗教状况，少数民族状况。1840~1848 年，比丘林出版了三部研究中国的著作：《中国，及其居民、风俗、习惯和教育》《中华帝国详志》和《中国民情与风尚》。③ 比丘林被称为俄国第一位汉学家，他把俄国当时对中国的片面了解推向全面研究阶段。

另外一位汉学家瓦西里·巴甫洛维奇·瓦西里耶夫（中文名：王西里），19 世纪中叶随东正教传教士团来华，曾经在北京居住十年，学习汉语及其他少数民族语言，回国后开设过中国文学课程，著作有《中国文学史纲要》等。④

19 世纪，汉语教学还进入了俄国的高等院校，莫斯科等地多所大学开设了汉语教学班，有意识地培养汉语翻译人才。

这些早期的俄国汉学家们还把中国的书籍带回俄国，并翻译了不少经典著作，如《红楼梦》《三字经》《千字文》《资治通鉴纲目前编》等。

---

① 中国第一历史档案馆：《康熙四十七年三月，设立俄罗斯学之上谕奏事档》。
② 黄定天. 中俄关系通史［M］. 北京：人民出版社，2013：61.
③ 李伟丽. 尼·雅·比丘林及其汉学研究［M］. 北京：学苑出版社，2007.
④ 张冰、王西里.《中国文学史纲要》在俄罗斯汉学中的地位和影响［J］. 文化与诗学，2017（1）.

美国人查尔斯·佛维尔在《西伯利亚之行》中感叹："可能是最重要和最有价值的，有一大批俄国青年能讲一口中国话。"①

有俄国人在中国长期居住、学习，还有人对中医感兴趣，潜心学习了中医和中草药，回国时还带走一些中医书籍、药方和药材。

对于俄国人积极学习中华文化，并回国传播汉学，清政府是持支持的态度，并且在中俄两国正式条约中都有具体规定。

1858年《中俄天津条约》第10条："俄国人习学中国汉、满文义居住京城者，酌改先时定限，不拘年份。"从这一条款可以看出，俄国人为了通商和了解中国专门到北京学习汉语、满语，这件事情，甚至得到了清朝政府的关注和官方的支持。

通过俄国汉学家们的努力，俄国的汉学水平终于赶上了多数欧洲国家，被当时欧洲学者评价为法国之外第二个欧洲汉学研究最重要的中心。

当时俄国掀起了一波"汉学热"，19世纪中叶，中俄两国还互赠了一批书籍。起初是沙皇尼古拉一世向中国方面要求赠送中国典籍，清政府应要求赠送了数百册书籍给俄国。作为回礼，不久后，俄国回赠了700余册图书。②

万里茶路的发展，在很大程度上促进了俄国对中国文化的了解和对汉语的学习，促进了汉学在国外的传播。

① 查尔斯·佛维尔.西伯利亚之行[M].上海：上海人民出版社，1974：295.
② 黄定天.中俄关系通史[M].北京：人民出版社，2013：70-71.

第三章 晋商万里茶路上的货币问题研究

万里茶路的发展和辉煌，离不开金融的支持。在这条跨国贸易之路上，货币问题不可忽视，如出现了独特的货币现象，茶叶执行货币功能。

第一节 明清货币制度及其对外贸的影响

一、清代的货币制度及货币流通状况

清代的货币制度实际上是一个银钱并用的货币体系，其依然是以金属货币为主的时代。从历史上来看，中国是世界上最早使用金属货币的国家，尤其是铜质货币的使用，可以追溯到几千年前。商朝时期（公元前 17 世纪至公元前 11 世纪），中国就已经出现了铜贝。2000 多年前，秦始皇统一中国，下令统一币制，建立起了全国统一的货币流通体系。

一般认为，明中叶后，白银货币化，大宗货物及官方交易用白银，小额贸易与民间交易用铜钱的支付体系。有学者认为这是银本位体系，也有人认为这是银铜复本位体系。这样的货币体系，与发展漫长而缓慢的中国封建社会是相适应的。

清代的中国货币体系是银本位制度。官方、大额交易用银，民间、小额交易用钱。

放在全世界范围来看，清代的货币制度是比较落后的。虽然中国最早发明纸币，但是清代中国经济发展缓慢，从而使中国的货币制度发展落后于西方国家，白银货币还停留在称量货币阶段，而在现实经济生活中，铜钱铸币使用频率过高，在一定程度上弱化了白银的本位币地位。布罗代尔曾经评价："货币方

面，中国尚在比较原始的阶段。"①

中国为什么不能像欧洲国家那样建立起金本位制度？这不光是个经济、金融问题，也是个地理问题。相比于中国经济规模来看，中国的贵金属产量并不丰富，而且当时商品经济体系还不够发达，因此，铜钱的使用在中国历史上寿命格外之长，而明代之所以能够建立起银本位制度，很大一个原因是明代有大量的白银从国外流入。

据统计，19世纪30年代以前，中国在国际贸易中，长期处于顺差地位，大量的白银自外国流入。马克思也做过相关分析："在一八三零年以前，当中国在对外商业上常占优势的时候，银子不断地由印度、英国及美国流入中国。"②

这些流入的白银中，有一些是银元，在中国流通过的外国银元有数十种之多，最常见的是西班牙银元。③某些地方的商人觉得计数的外国银元比称量的中国银锭使用方便，在一定程度上也说明了中国货币制度的落后性。

二、复杂的称量货币制度给商业带来的不便

从货币形态看，因为白银是本位币，所以基本可以认为，清代货币体系仍基本停留在称量货币的阶段。

在银两的使用上，需要区别虚银和实银。虚银是记账单位，不存在实体；实银从形态上看，又分镜面锭、马蹄银、腰锭、碎银等。如果实银再按重量、成色区分就更加复杂。比如，在经济生活中，还有一种说法叫"纹银"，纹银是标准银的意思。

复杂的称量货币制度给传统商业带来了不便，也耗费了传统金融机构很多的精力，大德通票号的各种账簿里面，专门有一种账簿，叫作平砝账，记载各地银色，各业砝码大小。日常收兑银两的时候，伙计们就要对银锭进行称量，还要判断各地出产的银锭成色，才能最终判断货币的价值。山西商号和票号的学徒们都要背诵"银色歌"和"平码歌"。

周行银色歌④

天津以"化宝""松江"京，"纹银"出在广朝城，

---

① 费尔南·布罗代尔．十五至十八世纪的物质文明、经济和资本主义［M］．上海：三联书店，1993：508.

② 严中平等．马克思恩格斯论中国［M］．北京：人民出版社，1953：40.

③ 彭信威．中国货币史［M］．上海：上海群联出版社，1954：505.

④ 卫聚贤．山西票号史［M］．重庆：说文社，1944：78.

上洋"豆规"诚别致，"公估纹银"西安行，

票色重贵"足纹原"，云南"票锭"莫忘情，

"川百锭"出成都省，"荆沙老银"沙市倾，

"二四估宝"属汉武，桂梧"化银"记分明，

"当纹"通在湘潭县，长沙"用项"银出名，

常德"市纹银"为主，金陵"项化"是足色，

粗俗不堪入目视，诚恐难记随口诵。

平码的差别就是各地银两标准的差别，商号和金融业的伙计们在收到各地不同平码的银两时，要调整后再计值、入账。我们以晋商大德恒本平与各地平码的比较（见表3-1），就可以了解到落后的货币称量制度给商业和金融结算带来多少麻烦。

表 3-1 大德恒本平与各地平码的比较

地名	周行银色及各色银两之成色	使用的砝平比大德恒砝每百两大小若干两		各地平砝比祁县公平大小若干两
		砝平名	比恒砝大小若干两	
京师	1. "足纹银" 足色 2. "松江银" 98色 3. "马店儿松江银" 97色	京公砝 京公平 京二两平 京二七平	小 2.7 两 小 3.3 两 小 5.3 两 小 5.4 两	小 2.2 两 小 2.8 两 小 4.8 两 小 4.9 两
天津	1. 以"化宝银"为主 992色 2. "白宝" 足色	津公砝 西公砝 议公砝 老钱平 老行平 新行平 津粮平	小 2.98 两 小 3.04 两 小 3.3 两 小 2.54 两 小 2.48 两 小 2.42 两 小 1.6 两	小 2.48 两 小 2.46 两 小 2.58 两 小 1.96 两 小 1.95 两 小 1.84 两 小 0.98 两
上海	1. "豆规银"为主，有名无银 2. "公估二七宝"每锭伸色2.75两，1000两以98伸规银1077.55两 3. "漕平宝银"1000两合漕平银928.9两	申公砝 豆规平	小 1.22 两 小 0.96 两	小 0.61 两 小 0.34 两

地名	周行银色及各色银两之成色	使用的砝平比大德恒砝每百两大小若干两		各地平砝比祁县公平大小若干两
		砝平名	比恒砝大小若干两	
汉口	1. 以"估宝银"为主　992色 2. "二八估宝银"　992色 3. "洋例银"　98色 4. "足纹银"　987色	汉估平 汉钱平 汉漕平 汉参平 汉九八平	小3.8两 小2.9两 小1.54两 小1.64两 小3.4两	小2.25两 小2.25两 小0.92两 小1.64两
安东	以"镇漕宝银"为主，名为992色，实456之谱	镇平	小1.54两	小0.92两
太谷	以"镜宝银"为主　98色	谷公平	小1.86两	小1.25两
祁县	以"镜宝银"为主	祁公平　祁库平	大0.62两 大0.98两	—
平遥	以"无色宝银"为主	平市平	小2.4两	
太原	以"足宝银"为主	省市平 藩库平 红封平 大宝平 街市平	大0.9两 大0.1两 大0.88两 大0.168两 小0.1两	—
广东	1. 周行以錾碎洋钱名曰"番银"为主 2. 三库（藩、运、海关）以纹银为主，藩库纹银换"番银"每千两伸水98.9两，运库纹银伸92.3两，海关库纹银伸110余两，其伸水随时涨落 3. 又有宗"光洋"，换番银每千可得伸水20元上下	九九七司马平 九九八司马平 九九五司马平 老司马平 番平藩库平 运库平	大1.02两 大1.11两 大1.5两 大2两 大2.1两 大1.6两 大1.74两	大1.7两 大1.8两
济南	以"足宝银"为主	济市平	小0.74两	—
营口	1. 以"锦宝银"为主 2. "现扰银" 3. "过炉银"平素过炉转现银，加色10两到20两不等	营平	小2.6两	小2.1两

续表

地名	周行银色及各色银两之成色	使用的砝平比大德恒砝每百两大小若干两		各地平砝比祁县公平大小若干两
		砝平名	比恒砝大小若干两	
沈阳	以"锦宝银"为主	沈厂平 沈平 孤山平	小 3.42 两 小 2.8 两 小 1.73 两	小 2.3 两
苏州	1. 以"关批票纹银"为主 2. "西批票纹银"比关批票每千次色 2 两 3. "三封银"其 1000 两顶关批票 903 两	苏漕平 苏参平 新漕平	小 0.86 两 小 0.17 两 小 0.62 两	—
沙市	1. 以"荆沙银"为主 98 色 2. "荆沙现银",比荆沙银每千两高色 20 两	荆沙平	小 2.64 两	小 2.04 两
重庆	"票色银"(川白银)为主,足色	渝钱平	小 3.3 两	小 2.7 两
开封	1. 以"足宝银"为主 2. 外县有"二八足宝银""二七足宝银"不等	汴平 汴天平 二六汴平 周行平 边行平	小 1.4 两 小 1.1 两 小 1.6 两 小 1.7 两 大 1.33 两	—
清化	以"足宝银"为主	清平	小 2.08 两	小 1.34 两
怀庆	以"足宝银"为主	怀市平	小 2.08 两	—
孟县	以"足宝银"为主	孟粮平	小 0.98 两	—
禹山	以"足宝银"为主	禹会平	大 0.35 两	—
鲁山	以"足宝银"为主	鲁公砝	小 0.12 两	—
周口	以"足宝银"为主	口南平 口 北平	小 0.76 两 小 0.58 两	小 0.14 两 大 0.02 两
周村	以"宝银"为主	村钱平 周会砝	大 1.4 两 小 1.74 两	—

续表

地名	周行银色及各色银两之成色	使用的砝平比大德恒砝每百两大小若干两		各地平砝比祁县公平大小若干两
		砝平名	比恒砝大小若干两	
烟台	1. 以"公估白银"为主，原烟地银色合公估白银98之谱。外地运入之银，均得到"公估局"估好，始能通行 2. "白宝银"，有名无实。周行收交，以估银折顶	烟漕平	小1.34两	—
西安	以"足纹银"为主	陕议平 陕库平	小3.3两 大0.65两	—
兰州	以"足纹银"为主	兰布平 兰钱平 川九七平 新湘平 兰库平	小1.68两 小3.68两 小3.18两 小3.48两 小0.72两	—
三原	以"足纹银"为主	泾布平	小0.72两	—
张家口	以"足纹银"为主	口钱平	大1.2两	大1.82两
归绥	以"口宝银"为主	城钱平	大0.54两	大1.16两
包头	周行以"杂宝银"，有点银、现银、拨兑银之分别，点银、现银掉拨兑银，每百两差钱二千上下	包平	大0.2两	—
清江	1. 周行以"二大宝银"为主 2. 钱庄以"二五宝银"为主 3. 老银二七五宝	七点平 浦平 镇江平	小1.4两 小2.1两 小1两	—
杭州	以"杭锭银"为主	街市银	大1.85两	—
凤凰		凤市平	小1.54两	
黑龙江	以"大翅宝"为主，992色，实则967色	江市平	小2.7两	—
锦州	以"锦宝"为主	锦平	小1.74两	—
吉林	以"大翅宝"为主，992色，实则99之谱	厂平	小3.1两	—
宽城	以"大翅宝银"为主，99色	宽市平	小3.34两	—

续表

地名	周行银色及各色银两之成色	使用的砝平比大德恒砝每百两大小若干两		各地平砝比祁县公平大小若干两
		砝平名	比恒砝大小若干两	
凉州	以"纹银"为主	凉文平 凉行平	小 3.1 两 小 3.7 两	—
保定	以"足宝银"为主	保平 保市平	小 0.64 两 小 0.24 两	—
忻州	以"足宝银"为主	忻市平	小 0.78 两	小 0.16 两
寿阳宗艾	以"足宝银"为主	艾会平	大 0.78 两	大 0.14 两
交城	以"镜宝银"为主	交市平	小 1.02 两	—
文水	以"足宝银"为主	文市平	小 1.2 两	—
长沙	1. 以"用项银"为主 2. "介项银"比"用项银"高色二三两	长沙平	小 2.8 两	—
赊镇	以"足纹银"为主	赊市平 赊钱平 老湘平 老议平	小 0.58 两 小 5.3 两 小 2.3 两	小 1.84 两
徐沟	以"足宝银"为主	徐市平	小 0.58 两	—
榆次	以"足宝银"为主	榆市平	小 1.12 两	—
扬州	本地及镇江周行"二七宝",足色	扬漕平 镇江平	小 1.2 两 小 0.96 两	—
彰德	以"足宝银"为主,因足银缺乏,另有"九九银"比足银次色 10 两	彰平	小 0.4 两	—

资料来源:由《中央银行月报》6 卷 12 号,1937 年,2033—2043 页内容改制。

1912 年 11 月,梁启超在北京对山西银行业界的演讲中提起:"若以意大利自由都府之钱商与吾票号较,则其相类处有四:一是与商业企业往来不少,但吸收官款存放,并与帝王贵族往来者居多;二是利用各地币制不一和平砝的差异,压平擦色,从中渔利;三是出票慎重,信用卓著;四是发生的时代背景相同。"①

这里面提到的"利用各地币制不一和平砝的差异，压平擦色，从中渔利"，就揭示了为什么古代中国历史上，货币兑换机构长期成为中国金融业的主角。

收各帮厘金平码银色扣头规格如表3-2所示。

表3-2　收各帮厘金平码银色扣头规格

行业	厘规
红茶帮	厘规九八五平足纹银上兑
盒茶帮	厘规九八五平足纹银上兑
卷茶帮	厘规九八五平足纹银上兑
皮货帮	厘规曹平它纹银上兑

资料来源：张正明. 明清晋商资料选编［M］. 太原：山西人民出版社，1989：279.

三、称量货币制度对外贸的影响

称量货币的使用在对外贸易上也体现出了不便。外国人曾经描述了中国的"看银师"和复杂的货币体系："此外还有看银师，他们也是外商不能缺少的人，特别在收款时。他们每日每时都出现于穿过商馆的宽敞的拱形通道，人们在此随时可以看到成堆的白银正在被检验，同时听到一批一批的白银在铜制天平上倒进倒出的铿锵之声。一块块的银锭与银元在入库前必须鉴定过秤。这手续作完之后，银元便不再作为银元独立使用了，因为，在商业上，中国人把金、银与铜、铁、锡一样当作货物看待。铜钱是每个人都熟悉的，但是商业需要更大价值的代表物，故常用便于携带的金条、银条、金块、银块。金条较银条为小，平常每条为10两，做长椭圆形；纹银做椭圆块状，通称马蹄银，大小价值不一。然而这些金银的成色及价值仅由看银师或承铸金银的炉房加盖戳记，予以保证。"②

除了银两，民间小额交易普遍用铜钱，也称为制钱。流通中的货币还有纸币，清朝发行纸币不多，而且是间断性的，官方曾一度发行过官票和宝钞。此

---

① 中国人民银行山西省分行，山西财经学院山西票号史料编写组. 山西票号史料［M］. 太原：山西经济出版社，1990：510-511.

② W. C. Hunter：The "Fan Kwae" at Canton, pp. 56-60.

外，还有民间纸币，如钱庄、银号发行的钱票和银票。云南地区使用贝壳货币一直到清朝，外国银元在部分地区也很受欢迎。可以说，清代货币体系是混乱的。

第二节　晋商万里茶路货币现象考察

一、跨国贸易中的货币使用问题

（一）中俄茶叶贸易带来巨额结算

俄国（1876年）在中国对外贸易总值中占到2.92%，也就是4476495海关两。其中，俄国输入品的总值是很少的，而对俄国的输出品却达到4376755海关两，即占中国的全部输出总值的5.42%。[①] 1868~1984年华茶对俄国输出统计如表3-3所示 。

表3-3　1868~1894年华茶对俄国输出统计

年份	出口各国茶叶总计（担）	出口沙俄茶叶				
		合计（沙俄）（担）	敖德塞海路（担）	经恰克图陆路（担）	俄属远东（担）	经樊城陆路（担）
1868	1526872	13251	—	13251	—	—
1869	1545299	111888	—	111888	—	—
1870	1389910	83355	—	83355	—	—
1871	1881827	317285	14880	100221	—	202184
1872	1923627	316996	35125	132907	—	148964
1873	1810074	373543	33204	148028	—	192311
1874	1795625	198445	32823	101717	3659	60246
1875	1965406	403967	53099	197796	6053	147019
1876	1946250	427547	38428	198563	7193	183363

---

① Trade Reports, 1876, Part I, P. 8.

年份	出口各国茶叶总计（担）	出口沙俄茶叶				
		合计（沙俄）（担）	敖德塞海路（担）	经恰克图陆路（担）	俄属远东（担）	经樊城陆路（担）
1877	2037608	347134	—	214229	4385	128520
1878	1954104	336467	479	275400	5440	55148
1879	2079708	516862	13648	400004	10964	92246
1880	2204754	464961	41218	296869	19238	107636
1881	2264767	508009	56257	294985	29472	127295
1882	2059333	429096	79729	274600	32585	42182
1883	2021936	439090	85418	290203	28857	34612
1884	2071612	503728	88679	314605	45050	55394
1885	2293114	596678	47969	345391	38955	164363
1886	2386975	768857	90426	445148	63603	169680
1887	2327892	782298	93467	444637	69272	174922
1888	2413456	920610	132826	463325	79026	245433
1889	1939159	595502	137486	360708	38300	59008
1890	1723114	642193	174130	371052	40168	56843
1891	1802339	690196	189026	379902	67480	53788
1892	1658340	571477	117255	367708	50855	35659
1893	1874372	737285	164029	446600	73155	53541
1894	1939189	834165	169209	500561	87518	76877

　　资料来源：姚贤镐 . 中国近代对外贸易史资料（1840-1895）[M] . 北京：中华书局，1962：1204-1205，1283-1284.

　　中俄茶叶贸易数量惊人，给两国商民带来益处和给国家带来税收的同时，也产生了巨额外贸支付结算的问题。如果用白银结算，双方都会有大量的白银流动问题。尤其是逆差国，势必面临巨额白银外流的问题。

　　事实上，最担心这一点的是俄国方面，毕竟在茶叶贸易问题上，俄国显得更加积极和重视，而且俄国对中国商品的需求十分迫切。基于这种考虑，俄国预判自己可能会面临白银外流问题，是很有道理的。

（二）禁止货币流出导致的"物物交换"

中俄恰克图贸易前期是不允许使用货币的，俄国政府规定不能让金银外流。1792 年的中俄《恰克图市约》中就明确规定了"彼此货物交易"。①

清朝政府也有这样的规定："清廷屡次申令禁止现金出口，大抵俱以物易物。"② 1732 年，监督俄罗斯馆御史赫庆奏请朝廷，建议道："俄罗斯互市……只令以货易货，勿以金银相售。"③

所以恰克图的贸易前期就只能是物物交换。马克思也揭示：恰克图贸易是典型的以物易物的贸易。④

《贸易报告》描述："据说这种贸易大部分是一种物物交换的贸易，山西商人用茶叶交换皮毛、俄国呢绒等。"⑤

班思德在《最近百年中国对外贸易史料》中描述：俄国向禁金银币出口，故恰克图边境之对华贸易，只以物物交换为限。至咸丰十一年，海关运茶入境一事，既由俄皇颁诏许可，该国硬币输出之禁，亦自是年起御医废弛，复于同治三年完全解除。⑥

瓦西里·帕尔申在《外贝加尔边区纪行》中描述：买卖的方式是以货易货。俄国商人付给中国商人各种毛皮，换回来的主要是各种茶叶及一部分中国丝织品，也换回一些瓷器和一些工艺品，但是为数不多。⑦

西林在《十八世纪的恰克图》中记载：俄国商人付给中国商人各种毛皮、各类畜皮、麝香、马鹿角等，换回来的主要是各种茶叶及一部分中国丝织品，也换回一些瓷器等。⑧

由于是以货易货的交易方式，所以我们从表 3-4 中可以看到，在 19 世纪上半叶，中国货价值和俄国货价值是对等的，而且每年总交易额都超过 1000 万卢布，这段时间，两国贸易发展平稳。

① 王铁崖．中外旧约章汇编（第 1 辑）[M]．上海：三联书店，1957：29.
② 刘选民．中俄早期贸易考 [J]．燕京学报，1939（25）：207-210.
③ 《清朝文献通考》，卷三百。
④ 卡尔·马克思．俄国的对华贸易 [N]．纽约每日论坛报，1857-04-07.
⑤ Commercial Reports，1872，Part Ⅰ，P.124.
⑥ 班思德．最近百年中国对外贸易史 [M]．海关总税务司署统计科译印，1931：126-127.
⑦ 瓦西里·帕尔申．外贝加尔边区纪行 [M]．上海：商务印书馆，1976：47.
⑧ 西林．俄中贸易关系——十八世纪的恰克图 [M]．伊尔库茨克：伊尔库茨克州出版社，1947：181.

表 3-4　19 世纪上半叶俄国海关统计的中俄贸易数量①

年份	中国货价值（卢布）	俄国货价值（卢布）	贸易总额（卢布）
1807	5437788	5437788	10875576
1808	5052329	5052329	10104658
1809	6085348	6085348	12170696
1810	6580308	6580308	13160616
1827	7256076	7256076	14512152
1828	7349184	7349184	14698368
1829	7803553	7803553	15607106
1830	6898597	6898597	13797194
1847	6800560	6800560	13601120
1848	5349918	5349918	10699836
1849	5165334	5165334	10330668
1850	6916071	6916071	13832142

马克思也注意到了恰克图贸易及其交易方式，在《政治经济学批判》（1858 年）中描述："在恰克图的边境贸易，事实上或条约上都是物物交换，银在其中不过是价值尺度。"②

1843 年恰克图物物交换贸易的报告如表 3-5 所示。

表 3-5　1843 年恰克图物物交换贸易的报告

品名	已交换数量	留存数量
梅节利茨基呢（疋）	14565	40883
马斯洛夫呢（疋）	2013	5143
卡罗沃伊呢（疋）	4761	6740
俄国羽纱（俄尺）	578	177
荷兰羽纱（俄尺）	25600	45784
切苏伊卡亚麻布（俄尺）	480733	498736

---

① 科尔萨克：《俄中通商历史统计概览》105 页；斯拉德科夫斯基：《俄国各族人民同中国贸易经济关系史（1917 年前）》，第 206 页。

② 马克思，恩格斯．马克思恩格斯全集（第 13 卷）[M]．北京：人民出版社，1962：140.

续表

品名	已交换数量	留存数量
迪金亚麻布（俄尺）	85655	45550
康罗瓦亚麻布（俄尺）	624	16437
10俄寸宽天鹅绒（俄尺）	1074639	1818129
16俄寸宽天鹅绒（俄尺）	92499	126630
皮革：羊皮（张）	52665	176095
皮货：灰鼠皮（张）	673364	1140696
獭皮（张）	13461	17406
灰羔皮（张）	5549	44921
黑羔皮（张）	8463	48955
乌克兰白羔皮（张）	155172	646738
乌克兰杂羔皮（张）	8580	18344
乌克兰黑羔皮（张）	2581	28311
黑猫皮（张）	245006	105847
俄国野猫（猞猁）皮（张）	2181	17220
美国野猫（猞猁）皮（张）	4750	8100
麝鼠皮（张）	72415	18920

资料来源：姚贤镐. 中国近代对外贸易史资料（1840-1895）[M]. 北京：中华书局，1962：113.

　　甚至到后来，恰克图贸易集中在了毛皮和茶叶这两种商品的交换上，被称为"皮茶贸易"。中国方面的商品一开始是多样化的，但是后来就渐渐以茶叶为主了。19世纪20年代，茶叶输出已经占到88%，到19世纪50年代，茶叶贸易已经达到了95%。[①]

　　这种物物交换的贸易方式，还有官方介入，进行维护。姚贤镐《中国近代对外贸易史资料（1840-1895）》中记载，恰克图交易方式的特点，特别值得注意。（中俄）双方都派有贸易督办，他们以条例规定每种输入货品的价格以及与之交换的茶叶的价格；不仅规定茶叶的价格，并且还规定各种茶叶与各种物品交换的比例。[②]

　　19世纪初，从恰克图贸易总体来看，依然是以货易货。当时，交易双方一

---

① 加利佩林. 十八世纪至十九世纪上半叶的俄中贸易 [J]. 东方学问题，1959（5）.
② 姚贤镐. 中国近代对外贸易史资料（1840-1895）[M]. 北京：中华书局，1962：112.

般先制定出卖出和购买的货物价格，然后开始交易。至于被交换的货物价值一般也不是由货币来表示，而是以某种当时最畅销的商品价值来表示。在 1800 年前，中俄双方商人交换单位商品为"中国布"，所谓的"中国布"就是来自中国的棉织品。1800 年后，这种交换单位商品就以茶叶来表示交换商品的价值。[1]

1805 年戈洛夫金伯爵在给沙皇的奏章里这样说过："种易货贸易实在是再好不过了，它每年造就了大约 1000 万卢布的货物周转量，以 450 万卢布的资本金，为皇上和臣民带来了超过 300 万卢布的纯利，利润几乎达到了 75%。"[2] 1825~1850 年俄国经恰克图进口的数额统计及货物种类如表 3-6 所示。

表 3-6　1825~1850 年俄国经恰克图进口的数额统计及货物种类

	1825 年	1847 年	1848 年	1849 年	1850 年
进口总额（千卢布）	5501.0	6800.0	5350.0	5165.0	6916.0
其中：茶叶（千卢布）	4795.0	6628.0	5170.0	4598.0	6527.0
制成品（千卢布）	616.8	74.6	54.6	112.0	85.7
冰糖（千卢布）	40.2	62.0	84.3	125.3	93.3
丝线、棉线等（千卢布）	25.7	15.2	13.8	37.0	11.5

资料来源：米·约·斯拉德科夫斯基. 俄国各民族与中国贸易经济关系史［M］. 北京：社会科学文献出版社，2008：231.

虽然物物交换得到了双方政府的认可，俄国方面尤其满意，得到了想要的货物，还不用面对货币外流。而且，这相当于用强制手段要求中国商人接受本国货物。但在早期中俄恰克图贸易中，物物交换严重阻碍了商品交易的顺利进行，也造成了贸易摩擦。

（三）中俄贸易早期俄国禁止金银外流的原因

中俄贸易早期，之所以俄国坚持易货形式，不允许俄国商人用货币购买，主要的原因是西伯利亚货币匮乏，以及当时俄国国内占据主导的货币富国政策。

对金银的大量需求，不只是在俄国，在当时全欧洲都是如此，那是出于国家的货币平衡政策。欧洲各国，包括俄国都希望在对外贸易中，获得金银，同

---

　　① 米·约·斯拉德科夫斯基. 俄国各民族与中国贸易经济关系史（1917 年以前）［M］. 北京：社会科学文献出版社，2008：218.

　　② B.C. 米亚斯尼科夫 . 19 世纪俄中关系：资料与文献（中）　［M］. 广州：广东人民出版社，2012：733.

时本国金银不外流。

17～18 世纪，所有俄国沙皇都想尽办法把外国的金银吸引到自己国家。1667 年的新贸易条例有规定：用外国货币购买俄国商品的外国人可以完全免交关税，与此同时，国内关税是 10%。

1719 年，商队总管斯捷潘·特列季亚科夫被要求"将商品换成黄金和白银"，他接到了商务院下发的《备忘录》："所有君主都努力使银条和银币流入自己的国家，不准许运出自己的国境。"①

不仅仅是不允许金银被运出本国，俄国方面还努力想从别国包括中国，获得金银。

彼得大帝当时可以说是用尽一切办法，甚至不择手段从各个地方获得黄金和白银，对亚洲国家也是一样。1699 年，西伯利亚的关税征收条例有这样的规定：在涅尔琴斯克，无论是谁那里发现了黄金，一律没收入库，命其缴纳什一税和其他的关税，剩余的部分，按照涅尔琴斯克的价格支付给他们商品。②

当时，涅尔琴斯克为出入中国的商队设置了海关。也就是说，这一条例实际上是为了与中国贸易的所得而设立的。条例的意思就是，在涅尔琴斯克，不管发现谁手里有黄金，政府都要没收，纳入国库，在商人按例交税后，返还商人与被没收黄金等值的商品。这相当于政府强制商人进行了一次交易，目的就是收走黄金。但是，对于商人而言，政府拿走的是广为接受的硬通货，而给予他们的是他们未必需要的商品。商人们要变现资产，还需要再次出售商品，这相当于增加了商人的交易时间和交易难度。

1723 年，俄国又颁布了新的规定：虽然准许将中国的黄金和白银不交关税运进俄国境内，但商人必须将其上缴财政部，否则以死刑论处。财政部按购买价格支付给他们相应的货币。③ 这次的条例对之前的政策有了修改，能够带回金银的商人不需要再交关税了，而且换走商人金银的不再是商品，而是俄国货币。但是，新的条例在惩罚措施方面更加严厉，商人如果不把中国得来的金银上交财政部，就面临着最严酷的死刑。由此可见，当时俄国对于占有金银这件事多么重视。

彼得二世在 1727 年颁布过谕旨：准许自由向国内运送中国的黄金和白银，

① 特鲁谢维奇．十九世纪前的俄中外交及贸易关系［M］．长沙：岳麓书社，2010：89.
② 特鲁谢维奇．十九世纪前的俄中外交及贸易关系［M］．长沙：岳麓书社，2010：90.
③ 特鲁谢维奇．十九世纪前的俄中外交及贸易关系［M］．长沙：岳麓书社，2010.

不收转售关税，不需承担任何义务，不征收关税，以便使从各地向俄国输入黄金和白银的行为自由化。

从表面看，这是一种金银自由化政策，但实际上，这是一种单方向的金银自由化，即输入自由，但输出不自由。

这种政策其实是受了欧洲当时重商主义思想的影响，重商主义认为，金银是社会财富的唯一形态，如果一国自己缺乏金银，财富就只能来自对外贸易顺差换回的金银。而且，重商主义者还由此引出延伸的理论，那就是，要想增加国家财富就要使本国人民贫困。本国人民处于物资匮乏状态，就有更多产品可以输出国外换取金银，而且本国人民收入低，可以压低本国商品价格，获取对外贸易的价格优势。

二、对交易中使用货币的迫切需求

（一）俄商不满物物交换中的贸易条件恶化

对物物交换最不满意的，是俄国商人，因为在恰克图贸易中，尤其是茶叶贸易，是卖方市场，俄国商人迫切地需要来自中国的茶叶，而相对来讲，晋商并没有对俄商的哪一类商品表现出非它不可的强烈需求。

而且，当时来到恰克图的中国商人，基本都是晋商，晋商的行会制度有助于商人们抱团协作，在国际贸易中为中国商人争取有利条件。

米·约·斯拉德科夫斯基在《俄国各民族与中国贸易经济关系史》中，记述了 18 世纪的俄中贸易中，中俄商人的实力对比：与各自为政的恰克图俄国商人形成对峙的是业已组成行会的、紧密联系在一起的中国各贸易公司。而且，他还记录了中国商人组织的具体情况：这一时期，中国已经有了相当严密和发达的商人组织系统。中国商人们按照其资本的多少和经营范围的大小而被分成三个等级。属于第一等级的是 24 个最大的商人，他们居住于各省首府，每人拥有不少于 6000 卢布的资本；属于第二等级的是各省级城市里拥有资本不少于 3000 卢布的 18 名商人；最后是第三等级，共有 12 名商人，他们居住于省级或县级城市，拥有资本每人不少于 500 卢布。[①]

俄国人渐渐意识到"以货易货"是对华贸易中最大的局限。在叶卡捷琳娜时期，就有人因不满易货贸易，而秘密进行货币购买。

---

① 米·约·斯拉德科夫斯基. 俄国各民族与中国贸易经济关系史［M］. 北京：社会科学文献出版社，2008：183.

（二）晋商对白银的需求

恰克图贸易的中国商人基本都是晋商，晋商在恰克图贸易中，获得了大量的毛皮，但是毛皮往往需要运到京城，才能以理想的价格出售。尤其是一些贵重的毛皮，多是卖给京城的达官贵人，长途运输，还要再经过一次贸易，才能换到现银。

而且随着中国毛皮进口的增加，也出现过囤积滞销的情况，所以晋商慢慢地对物物交换也感到不满，也希望恰克图的贸易能以货币支付，如果不能支付货币，也可以接受金银制品，尤其是银制品。

俄国人也试图把更多的商品提供给中国商人，但是其他商品似乎没有什么吸引力，对于这一点，俄国人也很无奈，如关于俄国毛织品向中国售卖的过程就不顺利，1887 年的《商业报告》描述：毛织品也许永远不会受到这个国家的广大群众的欢迎，因为棉衣棉裤比较便宜，既轻又暖和。[①]

为了得到货币，晋商也想了一些办法，给出了更加优惠的货币支付的贸易条件，俄国人对此也很心动，并且呼吁：如果以货币支付，中国人总是以便宜 2/3 的价格出售自己的产品。这样一来，政府用易货贸易限制私人贸易的方式迫使商人损失了自己 2/3 的商品。[②]

但是，俄国政府还是不愿意货币外流，1800 年 3 月 15 日颁布的谕旨，第一条就声明：对华贸易应采用易货形式，不仅不可以用货币购买任何商品，而且也不可以用货币的形式出售任何商品，否则将处以严厉的罚款。[③]

三、变相的货币支付

马克思在《政治经济学批判》一书中说："恰克图一带的边境贸易，事实上根据条约都是物物交换，银子在其中不过是价值尺度。"俄国商人急需交换中国的货物，尤其是茶叶。但是他们发现想尽一切办法，也实在拿不出能吸引中国商人并能等价交换的足够的俄国商品，不足的部分最后只能用金银来支付，尤其是白银——这种中国人使用的主要货币材料。

为了绕过当时俄国政府严禁白银出口的政策，商人不得不采用变通的办法，那就是用白银制作的银器来代替银币，进行支付。俄国的商人们用银制成做工粗糙、样式简单的银器，常见的有银制的碗、酒壶等，去换中国商人的商品。

---

① Commercial Reports, 1887, Niuzhuang, P. 2.
②③ 特鲁谢维奇．十九世纪前的俄中外交及贸易关系 [M]．长沙：岳麓书社，2010：219.

而且在成交时，完全不看银器的做工和艺术性，而是以银的重量计价，实际上这些银器可以看作称量货币。

时人评价说："1858 年以后，硬币就准予出口了，在这以前，俄国商人们为了规避法律，就把银子和金子铸造成粗糙的蜡烛台和其他类似的东西，一边当作制成的商品交换出去。"[①]

然而中国的商人在恰克图卖出茶叶，换回银器后，通常会在张家口熔化银器，铸成银元。商人们把这种银元叫作口平银。

也就是说，俄罗斯输入的"工艺品"形式的白银，被山西商人熔化为白银，最后投入到本国的流通中。

1858 年，俄国允许恰克图贸易以白银支付后，贸易方式才开始有了变化。

当时俄国通过恰克图和中国以及蒙古进行着相当数量的贸易。根据官方的报告，出口价值如表 3-7 所示。

表 3-7 俄国通过恰克图和中国、蒙古的贸易

年份	制造品和原料出口值（英镑）	金银和硬币的出口值（英镑）	关税（英镑）
1852	1190800	无	732530
1854	881020	无	429360
1857	903740	无	834080
1858	858554	227840	800430

资料来源：姚贤镐.中国近代对外贸易史资料（1840-1895）[M].北京：中华书局，1962：666.

四、贸易危机迫使俄国政府允许货币支付

19 世纪 50 年代，由于物物交换使俄商无法用自己的货物换到足够的茶叶，以物易物的基础发生了动摇。恰克图行政当局不得不改变政策，开始允许俄国商人使用黄金和白银购买中国商品。

比如，开始允许部分支付货币，由于恰克图茶是从中国进口的主要商品，所有其他贸易都跟着它转。从前大部分的贸易只是根据条约规定进行换货交易，1/3 的货价用白银支付；余额主要由呢绒、西伯利亚和堪察加的毛皮偿付。[②]

---

① Ravenstein：The Russians on the Amur, 1861, pp. 410-412.
② 查尔斯·佛维尔.西伯利亚之行[M].上海：上海人民出版社，1974：294.

1868 年《商业报告》中指出：本来只限于俄国的毛皮交换中国的丝织品和棉织品，后来逐渐演变为茶叶和布匹的交易，并且大大发展起来。所以在 1854年，俄国政府认为不得不准许一定限度的金块和银块（这在以前是严加禁止的，以便强使中国人购买俄国的毛皮和制成品），后来到了 1861 年，就不得不承认输出金币和银币为合法的。①

1855 年 8 月 1 日，俄国政府也发表了命令，允许俄商以工业品换购中国货物的时候使用金币，支付总交易额的 1/3。以毛皮换购中国商品的时候，可用金币支付 1/2 的货款。

这个改变也是循序渐进的，刚开始的时候，有一个货币支付的比例，一部分以物易物，另一部分由金属货币支付。美国人查尔斯·佛维尔的《西伯利亚之行》中有这样一段：我参观过很多大的堆满茶叶的栈房，这些茶叶是准备用来同俄国商人交换皮货、呢绒或黄金、白银的，因为据说现在根据恰克图条约议定，不是以白银支付货款的 1/3，而是以白银和黄金支付货款的 2/3，白银和黄金都跑到中国商人的大钱柜里去了，所以白银和黄金在这个地区有很高的贴水。事实上，在西伯利亚，除了铜币和俄国的"信用券"意外，没有商品流通媒介。美国对西伯利亚的贸易一定会感兴趣。此外，对满洲、蒙古和华北的贸易也会感兴趣，不过对于后者我们现在还一无所知。②

新政策行之有效，商品交易顺利了很多，中俄商人的贸易量明显提高了，1854～1861 年，恰克图贸易年均约 483 万卢布，每年支付出去的金银制品和金银币约 226 万卢布，也就是将近一半的贸易是由金银和金银制品支付的。③

在茶路经营顺畅的时代，中国对俄保持顺差。在国际货币关系中，中国商人为国内金融市场获得了大量的白银货币。

五、汇兑代替货币运输

晋商从俄罗斯边境贸易获得了大量的金银及金银制品，这其中以银为主，运回这些货币，产生了新的问题。一是货币长途运输的成本，二是安全性的隐忧。起初，商人们是雇用镖局保护商队，来解决问题。但是雇用镖局成本高，

---

① Commercial Reports, 1868, Tianjin, pp. 1-5.

② 柯林斯致国务卿威廉·L．马尔西，1857 年 3 月 4 日，第 35 届国会，第一次会议，众议院行政文件第 98 号，第 19-20 页。

③ 米·约·斯拉德科夫斯基．俄国各民族与中国贸易经济关系史［M］．北京：社会科学文献出版社，2008：295.

而且安全性也不是非常有保障。

恰克图最有名的国际贸易商人，晋商中的常家，就曾经想出过这样的办法，把散碎的银子和银器熔化重新铸成鸡蛋形的大银锭，每个重达数十千克，叫作"没奈何"，以防止马匪抢劫白银。①

但是这种方法，解决了一定的安全性的问题，却没有解决货币运输成本高昂的问题。于是晋商就用金融创新解决了这个问题，票号的出现彻底解决了现银运输的各种问题。票号用汇票的传递，来代替银两的运输。当时人评价汇票的功能，"一纸之信符遥传，百万之巨款立集"。

六、茶叶成为准货币

（一）茶叶成为货币的现象

马克思认为，货币最基本的职能是价值尺度和流通手段，在货币的四大职能中，只要拥有了这两个最基本的职能，就可以被认为是货币了。茶叶在国内普通居民眼里，只是饮品而已，但是在万里茶路发展过程中，茶叶拥有了特殊的地位，那就是展现出了货币性。

马克思在分析金银为什么在全世界范围内成为货币的首选时提出："金银天然不是货币，但是货币天然是金银。"他的分析认为，能长期成为货币的商品，应该拥有如下特点：体小价大、易携带、方便储存、广受欢迎。

然而在万里茶路经营中，尤其是在俄罗斯人眼里，茶叶就具有这样的特点。当时在俄罗斯某些地区，因为茶叶广受欢迎，人们甚至把它当作货币来用。

不仅是在俄罗斯，在蒙古也有这种现象："砖茶就是蒙古人的货币，而且那些想要穿过蒙古的旅行家，都必须随身携带一些砖茶。砖茶在蒙古，就好像硬币和钞票在欧洲一样。"②

在蒙古大量消费的中国人，在湖北的羊楼洞做的一种同样的但质量较差的砖茶，这种砖茶的价格是 3 两 5 钱，或 1 英镑 1 先令。在蒙古没有铜币，所以中国银号的老板就经营这种砖茶，并把它当作钱币流通。③

在蒙古国，游牧民族的牧民很少用钱币流通，他们的帐篷、衣服、食物和庙宇都是由他们所畜的牛羊供应的，因为蒙古牧民一样对普洱砖茶有普遍的需

---

① 常士宣，常崇娟. 万里茶路话常家［M］. 太原：山西经济出版社，2009.

② Commercial Reports, 1868, Tianjin, pp. 1-5.

③ Commercial Reports, 1878, Jiujiang, P. 99.

要，所以它成为一种价值的标准和便于交换的通货。①

（二）茶叶执行货币流通手段的原因探析

茶叶当时能够在中俄边境以及部分俄罗斯地区充当货币，是有多方面的原因的。

1. 茶叶的自身特性

茶叶本身就有单次用量小、分量轻的特点，代表性的砖茶，就是体小价大、方便携带，储存方便，不容易变质。

而且从使用价值上看，茶叶对当时的俄国人是一种非常实用又美味的饮品，一经推广，就成为俄罗斯人日常生活不可或缺的商品。

当俄罗斯人喜欢上茶叶的味道和功效时，茶叶就开始在整个俄国普及起来。到 19 世纪中期，"俄国人仅次于英国人，是欧洲茶瘾最大的茶客"。② 后来对于俄国商人，恰克图市场变成了以茶叶为主的市场，而换回茶叶就成了俄国商人贸易的主要目标。

在恰克图后来还形成了炫耀茶叶之风，"每个商人都只用茶叶来炫耀，他们把来客没有见过的各种类的茶叶一种接一种地拿出来给他喝"。③

2. 茶叶在俄罗斯的普遍接受性

当时俄罗斯的普通商人，有的宁可要砖茶，也不要本国货币——卢布。他们相信茶叶可以保值、增值，可以储存较长的时间，还可以随时出手，都能卖个好价钱。

瓦西里·帕尔申在《外贝加尔边区纪行》中记载：在外贝加尔湖地区的一般居民当中饮用极广，极端必需，以致往往可以当钱用。一个农民或布里亚特人在出卖货物时，宁愿要砖茶而不要钱，因为他确信，在任何地方他都能以砖茶代替钱用。④

（三）茶叶的准货币性

为什么说茶叶在当时万里茶路经营中是"准货币"，而不是货币。这是货币特性决定的。基本的货币理论认为，同时具有价值尺度和流通手段职能的商品就是货币。要成为货币，最起码要具备货币的两项最基本的功能：价值尺度

---

①　Commercial Reports, 1890, Hankou, pp. 6-7.

②　查尔斯·佛维尔. 西伯利亚之行 [M]. 上海：上海人民出版社，1974.

③　西林. 俄中贸易关系——十八世纪的恰克图 [M]. 伊尔库茨克：伊尔库茨克州出版社，1947：90.

④　瓦西里·帕尔申. 外贝加尔边区纪行 [M]. 上海：商务印书馆，1976.

和流通手段。所谓价值尺度，是指货币表现其他一切商品是否具有价值和衡量其价值量大小的职能。如果茶叶成了当时的价值尺度，那就意味着，买东西用茶叶衡量货物的价格，比如一张毛皮值多少砖茶。但是茶叶在俄罗斯地区并没有具有价值尺度功能，交易中的价值尺度还是卢布。

虽然也有人评述当时小麦和砖茶的固定比率，如在1834年和1835年与中国人进行交易时，一普特小麦原粮可换三又四分之一块砖茶，或三块半砖茶，就是说按税率扣除税金之后，每普特约值俄币7卢布之多。①但那是体现在个别商品上，不能视为一种普遍的价值尺度。

至于流通手段职能，是指货币在商品流通中充当交换媒介借以实现商品价值的职能。如果在贸易中，人们普遍接受茶叶，很多东西都可以用茶叶去交换，这就意味着茶叶成为广为接受的流通手段。

根据马克思对货币的定义"固定充当一般等价物的商品"，也可以判断，茶叶在恰克图还没有成为真正完整意义上的货币，因为不符合"固定充当"这个条件，把茶叶当作货币用的需求是有的，而且还是相当常见的，但是并没有形成"固定"的态势。是否接受茶叶作为货币行使流通手段职能，全看商人们自己的喜好和意愿。既没有约定俗成，也没有官方规定。

但是，茶叶在万里茶路上的很多地区都曾经被作为货币使用过，曾经充当过流通手段，而且使用还曾经比较普遍，如《蒙古和蒙古人》第一卷中，有这样的描述：汉人赴蒙经商，须在扎尔古奇衙门领取经商执照，最高价格为六箱半砖茶，合近100个卢布。人们住店、吃饭，也可以用砖茶付账。库伦一间客房连饭费一昼夜付一块砖茶，合60~65银戈比。这部分内容告诉我们，那时候的蒙古地区，砖茶可以作为货币流通。甚至还有学者认为：所有亚洲西部的游牧民族均大量饮用砖茶，常把砖茶当作交易的媒介。②

所以，总体来看，茶叶在万里茶路中可以认为曾经拥有过"准货币"地位。

七、俄国流入白银及铸造情况

在俄国政府限制白银出口的时期，俄国商人曾为了禁令，促进与晋商的贸易，把白银制成粗糙的银器换给晋商。因为这种制造"工艺品"的白银，大部

---

① 瓦西里·帕尔申. 外贝加尔边区纪行 [M]. 上海：商务印书馆，1976：20.
② 姚贤镐. 中国近代对外贸易史资料（第二册）[M]. 北京：中华书局，1962.

分是汉堡或者莱茵河上法兰克福输入的，因为被称为"汉堡银"。① 晋商把这些银器带到张家口熔铸成元宝，这些张家口熔铸的银子叫作"平口银"，在市面流通。"汉堡银"的输入，对缓解我国当时的银荒是有一定作用的。

当晋商走标时，把这些"平口银"带到太谷，要进太谷的银炉进行重铸，按照"太谷平"标准重新铸造出来，再进入流通。② 因为熔铸业务频繁，当地有发达的银炉业，而且形成自己的铸造标准。

八、茶路经营中的货币短缺和虚银本位制

在万里茶路的各个重要枢纽城镇，都存在大量的白银收付。但也有地方白银严重不足，如归化城，因为货币短缺严重，产生了"谱拨银"制度。"谱拨银"是一种以两为单位的虚银本位制度。

"谱拨银"制度在归化城的产生是与归化城的自身特点有关的。从商业和金融角度看，归化城有两个特点：一是城市小，物资集散数量却多；二是商号少，交易额却大。最终的结果就是，物资多、现银少。这样一来，归化城商业活动对货币的需求就比较大，现银周转不开是常事。

货币是为了媒介商品流通而存在，如果流通货币数量大大少于商业规模，就会导致商业活动的阻塞，意味着一部分商品买卖无法顺利完成。

由于没有足够多的实际现银，于是就出现了虚银本位的货币。"谱拨银"与相关的"拨兑钱"制度建立后，其发行是由宝丰社掌握的，其价格相对稳定。"拨兑钱"用出帖子的方式进行，也可以兑现。③

---

① 渠绍淼，庞义才. 山西外贸志 [M]. 太原：山西省地方志编纂委员会办公室，1984：62.

② 赵荣达. 晋商万里古茶路 [M]. 太原：山西古籍出版社，2006：122.

③ 政协内蒙古文史资料研究委员会. 内蒙古文史资料第十八辑 [M]. 呼和浩特：内蒙古人民出版社，1985：173-174.

第四章 万里茶路经营上的 资本与信用问题

晋商在万里茶路经营上之所以能很快壮大自身资本规模，把控中俄商路，得益于晋商的创新的组织形式，商业资本和金融资本的融合，有效解决了信用问题。

第一节 晋商的经营规模及资本需求

一、明清晋商的巨额资本

山西商人自明清迅速发展，积累了惊人的财富，大商家资本规模也是十分惊人。明代王士性《广志绎》记载"平阳、泽、潞豪商大贾甲天下，非数十万不称富"，这里说的是山西的临汾、晋城、长治。

清咸丰年间，惠亲王给皇帝的奏折中说道："伏思天下之广，不乏富庶之人，而富庶之省莫过于广东、山西为最。风闻近数月以来，在京贸易之山西商民，报官歇业回籍者，已携资数千万出京，则山西省之富庶可见矣。"① 当时的情况是，太平天国攻占江南多地，时局动荡，晋商在江南的票号分号受到影响。票号办理汇款，靠的就是分布各地的网点机构，江南分号受到影响，京师分号业务自然也无法正常办理，在京城的一些票号就报官歇业回老家。山西各票号离开，带走了数千万两白银，导致京师的银根立刻收紧，引起了较大的波动。从这件事，也可以看出，晋商经营规模之大，资本之巨。

民国时期衷干的《茶市杂咏》中描述："清初，茶市在下梅，附近各县所

---

① 《军机处录副》，惠亲王绵愉等密陈管见预筹帑项奏折，咸丰三年四月十一日。

产茶叶，均集中于此……清初，茶叶均系西客经营，由江西转河南运销关外。西客者，山西商人也。每家资本约二三十万至百万。"

山西商号"锦泰亨"经营曲绸，资本相当雄厚，该商号将货物运往恰克图、库伦、伊尔库茨克等地，每年运销量能达到 12000 余匹，价值约 36 万两白银。除了绸缎，"锦泰亨"还经营半两茶，同时把俄国的呢绒、俄毯等货物运销回国。[1]

以大盛魁为例，这是清朝最为著名的北路贸易晋商商号，在其经营鼎盛期，分号开到了俄国恰克图、贝加尔湖一带，还在莫斯科有经纪人。[2]

山西太谷县之孙姓，富约二十万，曹姓、贾姓富各四五百万，平遥县之侯姓、介休县之张姓富各三四百万，榆次县之许姓、王姓聚族而居，计合族家资约各千万，介休县百万之家以十计，祁县百万之家以数十计[3]。《清俾类钞》中曾记载当时山西富商资产情况，清代部分晋商资产额度统计如表 4-1 所示。

表 4-1　清代部分晋商资产额度统计

姓氏	资产额	住址	姓氏	资产额	住址
侯	七八百万两	介休县	曹	六七百万两	太谷县
乔	四五百万两	祁县	渠	三四百万两	祁县
常	百数十万两	榆次县	刘	百万两内外	太谷县
侯	八十万两	榆次县	武	五十万两	太谷县
王	五十万两	榆次县	孟	四十万两	太谷县
何	四十万两	榆次县	杨	三十万两	太谷县
冀	三十万两	介休县	郝	三十万两	榆次县

二、"商业+金融财团"

清代有些晋商经营范围广，设立分支机构多，经营领域跨越金融和实业，经营路线遍布国内，延伸国外，俨然形成一个庞大的商业与金融集团。

以太谷曹家为例，曹家的"三多堂"赫赫有名，晋商研究名家黄鉴晖先生

---

① 聂昌麟：《太谷曹家商业资本兴衰注》，载《山西文史资料》，第 12 辑。
② 参见《张家口文史资料》第十三辑。
③ 《军机处录副》，出自《广西道监察御史嗣衡奏折》，咸丰三年十月十三日。

曾统计过，三多堂在各地开设的字号有：

太谷：砺金德（账庄）、三晋川（账庄）、用通五（账庄）、宝泉聚（账庄）、振元溥（钱庄）、锦泉汇（钱庄）、誉庆和（钱庄）、彩霞蔚（绸缎货行）、锦霞明（曲绸庄）、锦丰泰（皮货庄）、锦生润（票号）、锦生蔚（货行）、锦丰庆（曲绸庄）。

太原：锦泉和（钱庄）、锦元懋（账庄）……

天津：太谷彩霞蔚经常派人在津采购货物。

北京：锦霞明分庄等。

徐州：锦丰庆（典当）、锦丰典、丰治通、锦丰焕（钱庄）、换记油坊等。

济南：三晋川账庄支号、当铺等。

沈阳：富森峻、义太长、咸元会、环泉福、源泉溥（钱庄）、源泉丰（饼面店）。

锦州：锦隆德（钱庄）。

四平：富盛泉、富盛长、富盛诚等四家酿酒店，均为沈阳富森峻出资设立。

张家口：锦泰亨（彩霞蔚出资），在库伦、俄国恰克图、莫斯科、伊尔库茨克设立分庄。

黎城：瑞霞当、屯留、长子、襄垣等处设当铺四座（砺金德出资）。

榆次：广聚花店（彩霞蔚出资）。

曹家在国内外设立的各种字号（不含分号）有39个之多。经营涉及钱庄、票号、典当、绸缎、皮货、杂货、酿酒、油坊、花店等多个领域。据光绪年间的调查，曹家资产达到六七百万两。[①] 而且，曹家当时有自己的家塾，有避暑山庄，还养有家兵。这在商人中是不多见的。

掌握如此庞大的"商业+金融财团"，曹家在组织管理上也有独到之处。他家不是直接面对所有字号，逐一管理，而是采取大号投资支号，支号又生出小号这样的组织模式。这有些类似于现在的母子公司模式。

三、商业资本与金融资本的融合

金融机构与商业机构的融合，经营汇兑的票号、经营兑换的钱庄以及经营放款的账局也同时兼营商业（见表4-2、表4-3、表4-4）。

---

① 徐珂.清稗类钞（第5册）[M].上海：中华书局，1984：2307.

表 4-2　汇兑兼货庄

字号	等第	资本	股东姓名	经理姓名	备考
公合全	一	四万两	张疑林	张兆兴	茅思克瓦有分庄
锦太亨	一	四万两	曹克让	王玉贵	股东山西曹家，资产有五六百万，茅思克瓦有分庄
裕盛和	一	二万两	霍梅	吕相	茅思克瓦有代理店

表 4-3　钱庄兼货庄

字号	等第	资本	股东姓名	经理姓名	备考
公合元	一	一万五千两	张疑林	周继武	—
锦泉涌	一	五万两	曹克让	张恩滋	—
裕源永	一	三万两	霍梅	侯秉武	—

表 4-4　放蒙款兼货庄①

字号	等第	资本	股东姓名	经理姓名	备考
协裕和	一	三万两	杜陶	张定都	蒙古借款约有二三十万元
林盛元	一	二万两	靳齐川	徐廷荣	蒙古借款约有三十万元
大盛愧	一	五万两	张凤五	高建枢	蒙古借款约有一百余万元
天义德	一	三万两	于正山	李银	蒙古借款约有六七十万元
协和公	一	二万两	侯庆哉	张福	蒙古借款约有三十万元

晋商这种金融资本与商业资本融合的多元化经营方式也得到了俄国人的赞誉，特鲁谢维奇在《十九世纪前的俄中外交及贸易关系》中描述了：中国商人的独特制度值得重视。他们可自己发放贷款债券，除贷款外，各个等级的全体商人有共同的借债钱庄，资本由相当于商人资本十分之一到百分之一的义务会员费及个人费凑成。钱庄为一等商人开具 200～500 卢布、为二等商人开具 100～200 卢布、为三等商人开具 25～100 卢布的期限为 4～24 个月的证明。此外，钱庄收取 6% 的动产和不动产作为贷款抵押。②

① 《库伦商业金融调查记》，载《银行周报》第 2 卷第 22、23 号（连载），1918 年 6 月 11 日、18 日。
② 特鲁谢维奇.十九世纪前的俄中外交及贸易关系［M］.长沙：岳麓书社，2010：256.

四、茶叶资本和金融资本的融合

茶票兼营可谓两种机构互惠互利，能提升晋商经营的综合效益。有的晋商是同一个东家设立不同的机构，茶庄做茶叶贸易，票号做金融业务。有的晋商是一家商号，同时既做票号，又经营茶叶贸易，对外一块招牌，对内分开设立两本账簿。

（一）联号经营茶叶与票号

票号为山西商人所创新，在票号业产生之后，山西商人在票号经营领域独占鳌头。有些晋商既经营茶叶，也经营票号，这两项业务都是晋商经营非常成功的领域。在晋商中，有不少既经营茶叶生意，又做着票号业务，商业资本和金融资本互相交融，这在晋商中，也是常见的。

例如，蔚盛长、长盛川、三晋源等，就属于茶票兼营，茶庄和票号属于同一个东家，是联号性质。

在这种情况下，茶庄向票号融资，相当于同一个集团的内部资金支持。很多晋商在经营茶叶贸易同时也经营金融机构。太谷曹家有当铺、钱庄，乔家、渠家有知名票号，大盛魁有票号、银号、钱庄。

再如万里茶路上经营最久的国际贸易商人——榆次车辋村常家，常家在恰克图经营茶叶贸易，总号大德玉在张家口，在恰克图先后设立了几个重要的分号：大升玉、大泉玉、大美玉、独慎玉。为了进一步扩大对外贸易，有大升玉、大泉玉、大美玉出资白银十万两，经营账局业务。

常家账局在恰克图的成立，扩大了常家在恰克图贸易中的影响。常家一门也因此生意兴隆，从乾隆至宣统，历经七朝，沿袭 150 多年。被当时业内称为"外贸世家"。①

还有"大盛魁"，这是北方最大的通事行，职工人数常年在 6000~7000 人，拥有骆驼 16000~20000 头，活动范围很广，涉及喀尔喀四大部落、唐努乌梁海、科布多、乌里雅苏台、库伦、恰克图、内蒙古各地、新疆乌鲁木齐、库车、伊犁、塔尔巴哈台、俄国西伯利亚、莫斯科等地。

"大盛魁"有很多分号，分布在各种商业和金融领域。茶叶经营方面有"三玉川茶庄""长盛川茶庄"，金融方面有"大盛川票号""裕盛厚银号""宏

---

① 王尚义. 晋商商贸活动的历史地理研究 [M]. 北京：科学出版社，2004.

盛银号"等，其余还有些经营绸缎布匹、牲畜等商品的商号。

"大盛魁"之所以资本规模越来越大，经营规模越来越大，很重要的原因就是其商业和金融的共同经营。"大盛魁"可以通过自己的票号、钱庄、银号进行资金融通，能迅速调度资金，在全国范围内进行采购，运往蒙古、新疆、俄罗斯，在归化、恰克图、库伦等地销售，返程时候，又采购当地特产销往国内。

大盛魁最鼎盛时期，仅仅在外蒙古一地就有资本超过 1000 万两白银。① 大盛魁之所以把买卖做得越来越大，就是靠着遍布各地的票号、银号、钱庄，能迅速融通资金，可以很方便地从各地进货，再运到蒙古、新疆、俄罗斯销售，在当地采购特产，再转销内地。

渠家也是有名的晋商代表，他家的长裕川、长顺川、长源川三个大茶庄从湖北、湖南采办茶叶，然后销往俄罗斯、蒙古以及西北地区。渠家设立的"三晋源"票号也是负有盛名，他家还出三十万两白银入股了"百川通"票号。

著名的"大盛魁"在茶路上是有名的大商号，出资成立了专门的茶庄，如三玉川②、巨盛川。茶叶贸易是当时茶路上最重要的生意，也是大盛魁的主要利润来源。但大盛魁的东家不只有商号，还投资了金融机构，成立了钱庄、票号。例如，票号大盛川，就是大盛魁出资建立的，大盛魁出了本银十万两，护本银十万两。

这是一种多元化经营的策略，大盛魁的经营遍布茶叶加工、茶叶运销、驼场、马庄、羊庄、钱庄、票号等，可谓商业、金融"一把抓"。

虽然大盛魁的票号和茶庄是分开经营的，但是它们之间的联系却十分紧密。经营茶叶的资金会存到票号里，当茶庄缺钱的时候，票号会借贷资金给茶庄，解决茶叶贸易资金占用大、周转时间长的问题。

（二）茶票庄

茶票庄是同时经营票号业务和茶叶生意的创新复合型机构。这种茶票庄，往往是同一个经营场所内，一边是茶叶销售柜台，另一边是票号柜台。客户进门是左拐还是右拐，决定于客户的业务需求。清代很多山西人教导子弟说："好好写字打算盘，将来住上个茶票庄。"可见，当时茶票庄伙计在山西很多地方是年轻子弟努力希望得到的好工作。

---

① 刘建生，刘鹏生. 晋商研究 ［M］. 太原：山西人民出版社，2005：117-118.
② 一说大玉川，还有认为大玉川后来改名为三玉川。

祁县晋商文化研究所研究员张江对清末祁县的茶票庄，结合其遗址调查，进行了统计，统计结果如表4-5所示。

表4-5　祁县茶庄票号遗址统计

街道	方向	商号铺号	经营项目	东家
东大街	由东往西	永聚祥茶庄	茶叶	何家
		永泰生钱庄	茶、票	李家
		日升明茶货店	茶叶、杂货	—
		天巨川票号	茶、票	翟家
		德泰全茶庄	茶叶	渠家
		长裕川茶庄	茶叶	渠家
西大街	由东往西	宏晋银号	茶、票	闫维藩
		谦和诚茶庄	茶叶	众股
		晋恒银号	茶、票	武家
		裕和昌茶庄	茶叶	太原人
		大德诚茶庄	茶叶	乔家
		大德恒票号	茶、票	乔家
		亿中恒茶庄	茶叶	乔家
西廉巷	由北往南	无名茶庄遗址	茶叶	
		合盛元票号	茶、票	郭源逢、张廷将
		天恒川茶庄	茶叶	闫维藩
东廉巷	由北往南	大盛川票号	茶、票	大盛魁
		恒义银号	茶、票	史占魁
正廉巷	路南	茶庄遗址	茶叶	—
北大街	由北往南	北昌源茶庄	茶叶	—
		天合德茶庄	茶叶、杂货	—
		长裕川茶庄栈房	茶叶	渠家
		裕善银号	茶、票	众股
财神庙街	由北往南	晋生祥茶庄	茶叶	—
		存义公票号	茶、票	渠家
财神庙街	由东往西	裕生川茶庄	茶叶	—
		三晋源票号	茶、票	渠家

街道	方向	商号铺号	经营项目	东家
		大玉川茶庄	茶叶	大盛魁
		茶庄遗址	茶叶	—
		茶庄遗址	茶叶	—
		巨盛川茶庄	茶叶	大盛魁
小东街	由东往西	大德通票号	茶、票	乔家
		巨贞川茶庄	茶叶	文水人
东关	路南	义和茶庄	茶叶	—

资料来源：范维令．祁县茶商［M］．太原：北岳文艺出版社，2017：32．

从表4-2中可以看出，茶庄、票号遗址34家，其中有12家就是兼营茶业和票号两种业务的茶票庄，当时的祁县茶票庄占到了茶庄、票号总数的1/3。茶票兼营在晋商当中是非常普遍的事情。亿中恒茶庄虽然只经营茶叶，但是此前是由钱庄改营茶庄的，也算是跟金融有些相关。

乔家在祁县有大德诚、大德兴茶庄，也有大德通票号，而且大德通票号在很长一段时间里，还是茶票兼营。大德通是有名的茶票兼营的商号，最初资本6万两，中期增银12万两。大盛魁财团有大玉川茶庄、巨盛川茶庄，也有大盛川票号。

以上是仅祁县一地的茶票庄情况。事实上，在万里茶路沿线，在票号业发展的100年里，很多地方都出现过晋商的茶票庄，如常家的大升玉在汉口票号也兼茶庄。常家的大德生总庄设立在张家口，也曾办过票号。[①]

在具体管理上，茶票庄涉及两种业务，需要建立两套财务体系。以乔家大德通为例，大德通前身是大德兴茶庄，后改组为大德通票号。它就是典型的"一块招牌，两套人马"，茶票兼营。大德兴原本是茶庄，咸丰年间兼营票号业。1884年改大德通后茶务、票业仍是兼营。

茶票庄的本质是茶叶经营和金融业务功能的重叠，两种业务在同一家商号内发展，是相辅相成的，茶叶经营的壮大也能够促进票号业务的开展，票号的汇兑、融资也能帮助茶叶经营的迅速拓展。

---

① 常士宣，常崇娟．万里茶路话常家［M］．太原：山西经济出版社，2009：79．

第二节　金融机构为茶叶商人提供信用

一、金融机构信用类型的优势

晋商在万里茶路的国际贸易中，之所以能够成功经营几个世纪，除了晋商的吃苦耐劳和开创精神外，金融支持也是很重要的一个方面。

在赊店、汉口、张家口、归化城等地，当时都有各类金融机构在为晋商的茶叶贸易服务。尤其是在信用方面给予商人强有力的支持，解决商人的资金困境。

以万里茶路枢纽之一的"赊旗店"为例，赊旗店也叫赊店，"赊"代表"赊账"的意思。它反映了当时商人在经商过程中，出现资金不足而赊账的情况。

但是一般商人之间的赊账属于商业信用，但是商业信用也有明显的局限性，即信用规模的局限性、信用方向的局限性、信用期限的局限性，也就是这种信用只能由卖家提供给买家，而且受到交易规模的限制，还会受到经营周转时间的限制。

但是金融机构的信用就不受商业的限制，作为信用中介，有些金融机构可以在信用活动中，既充当资金的借入者，也可以充当资金的借出者。最典型的就是，钱庄和票号。钱庄最初是经营兑换的，票号是经营汇兑业务的，这些都是中间业务。但是在茶叶贸易发展过程中，钱庄和票号渐渐地发展出来信用业务，这是茶叶商人的需求推动的。

金融是要为商业服务的，当商业信用不足或者受限的时候，商人的融资需求和金融资本的逐利性就共同催生了金融机构信用业务的创新。19世纪中后期，在万里茶路经营重镇，张家口、汉口等地，原本经营中间业务的钱庄和票号，就开始发展出存款、贷款业务。

据道光三十年（1850）正月初十日，升昌票号张家口分号的往来信函："汉交下庐足银3000两，咱在口年，四两标分交，自收银之日，各依各标口规与伊行息外，每千两贴伊6两。"即除了依据张家口当时的年标利率结算外，每千两银还要另贴6两给汇款商人。同一封信稿中，还有这样的内容："又定会过正月十五日各交镜宝银一千六百两，咱在口四月标收伊，按月四厘三与咱行息，共贴咱银六两。"这表明了当时票号放贷给商人的计息情况。① 从中可以看出，当时日升昌的张家口分号，除了汇款外，还已经办理了存款、贷款业务，并且计息情况已经有了行业规范。

二、金融机构助力茶叶商人开展贸易

1869~1871 年的英国领事报告中，记载了当时茶叶重地，汉口的金融机构资本实力。在太平天国起义前："每家银号照例拥有六千两至二万两的资本，而山西票号的财富更是以几十万两计算。"②

我们从山西票号遗留的信稿中也可以看到，当时票号业在茶叶贸易领域的经营规模。日升昌票号咸丰年间信稿中提到："现在咱班中备交茶票之银，总有五六十万之谱。"这还只是茶票之银。咸丰年间（1851~1861年），仅日升昌票号一家的购茶款项、存放款规模及货物价值，总计就达到百万两银之多。③

账局、银号也都曾经为茶叶贸易商人提供融资，但是从资本实力上看，资本最雄厚的还是票号，票号的汇兑业务为扩大茶叶贸易提供了保障，有些票号还为中俄两国的茶叶贸易商人都提供融资，以促进交易的达成。

山西票号还能为茶商提供全方位的金融服务，以汉口为例，每到茶季，票号就为茶栈提供贷款业务，还有不同地区间转账、货币兑换、汇兑、存款等业务，存款一般不给利息，票号为存款人提供服务来抵偿。

但是，这一切的顺利进行是以茶市的兴盛为基础的。如果茶叶贸易出现问题，金融机构也会受到牵连。

1877 年，茶市疲软，部分茶商亏损严重，那些为他们提供大量预付金货款的钱庄就倒闭了。钱庄的资本较少，经营的脆弱性是与生俱来的。当时有些钱庄经营者破产，无力还债，有人甚至一走了之。就连官府都介入了，干预债务问题的解决。由于问题比较严重，汉口官府甚至企图废除汉口信贷银票④，虽然后来没有真的废除钱庄的这种信用业务，但是也足以证明茶叶贸易的兴衰对金融机构信用的影响。

---

① 日升昌张家口分号信函。
② 《英国领事报告》，1869~1871 年，汉口，191-193 页。
③ 日升昌票号咸丰年间信稿。
④ 严明清．洞茶与中俄茶叶之路［M］．武汉：湖北人民出版社，2014：159-160.

山西的金融机构不只是对同乡的茶叶商人提供信用帮助，还贷款给俄国、蒙古的商人。例如，祁县乔家的账局恒隆光，在恰克图、库伦、北京、张家口等地设立分庄，向俄、蒙商人提供了相当数量的融资。[①]

三、山西金融机构与山西茶商的信用关系

票号、账局为山西人所创立，以晋商为主，北方的钱庄大多数也是晋商开立。山西商人在全国，尤其是北方金融业是处于"执牛耳"的地位。万里茶路上的茶叶贸易也同样以晋商为主。所以，万里茶路上的多数金融机构经营者和对俄茶叶贸易经营者其实就是同乡关系。

本身就有同乡之谊，钱庄、账局、票号的分庄、分号及茶庄的分庄经常设立在同一个地区，还大多相邻，彼此更加熟悉，更加了解，有些钱庄、票号和茶庄的经营者甚至来自同一地区，彼此知根知底，更容易建立信任关系。

如此，为万里茶路提供金融服务的金融机构对山西茶商放款时，就不需要花费太多精力去进行商家经营状况、偿还能力等方面的信用调查。

有些茶商为了融资方便，开始投资经营、参与金融机构的生意，如万里茶路上最成功的茶叶商人常家，就在经营茶庄同时，还有自己的票号、账局。

四、山西金融机构信用业务的利率水平

晋商向北茶叶贸易经营虽然利润不菲，但是茶叶贸易毕竟属于正常的商业范畴，商人们赚的也是辛苦钱。对茶叶商人提供的信用，其利率水平应该低于茶叶贸易的平均利润率。这样看来，高利贷对茶叶商人来说，肯定是不适合的。

山西的票号、账局、钱庄等机构为商人提供信用，其利率水平比高利贷低多了，晋商金融资本提供的是价格更为合理的信用业务。表4-6是道光三十年（1850年）在万里茶路枢纽——张家口，山西票号的利率表。表4-7是咸丰十一年（1861年）平遥、祁县钱价及利率表。

---

① 孔祥毅. 金融贸易史论［M］. 北京：中国金融出版社，1998：152-153.

表 4-6　道光三十年（1850 年）张家口利率①

时间		城市	月息	行情	钱价	银色	备注
农历	公历						
正月初五日	2.16	张家口	四厘三	—	—	—	四月标
正月初十日	2.21	张家口	四厘五	—	—	—	—
正月十五日	4.26	张家口	四厘三	—	—	—	四月标
二月初一日	3.14	张家口	四厘三	—	—	—	—
二月初一日	3.14	张家口	三厘	—	—	—	—
二月二十日	4.2	张家口	四厘三	—	—	—	四月标
三月十五日	4.26	张家口	四厘	—	—	—	—
三月廿五日	5.6	张家口	三厘	—	—	—	四月、七月、十月三日标分收

表 4-7　咸丰十一年（1861 年）平遥、祁县钱价及利率②

时间		城市	月息	行情	钱价	银色	备注
农历	公历						
正月初七	2.16	平遥	—	—	钱数 1520 文	—	—
正月十七日	3.4	平遥	—	—	钱数 1520 文	—	—
正月廿三日	2.26	平遥	—	—	钱数 1520 文	—	—
正月廿八日	3.9	平遥	—	—	钱数 1520 文	—	—
二月十三日	3.23	平遥	—	—	钱数 1520 文	—	—
二月廿三日	4.2	平遥	—	—	钱数 1520 文	—	—
二月廿八日	4.7	平遥	—	—	钱数 1520 文	—	—
三月十日	4.19	平遥	—	—	钱数 1515 文	—	—
三月十六日	4.25	平遥	—	—	钱数 1515 文	—	—
三月十九日	4.28	平遥	—	—	钱数 1520 文	—	—
四月一日	5.10	平遥	—	—	钱数 1520 文	—	—
四月十六日	5.25	平遥	—	—	钱数 1490 文	—	—
四月廿一日	5.30	平遥	—	—	钱数 1460 文	—	—

---

① 史若民，牛白琳．平、祁、太经济社会史料与研究 [M]．太原：山西古籍出版社，2002：44.

② 史若民，牛白琳．平、祁、太经济社会史料与研究 [M]．太原：山西古籍出版社，2002：53.

时间 农历	公历	城市	月息	行情	钱价	银色	备注
四月廿四日	6.2	平遥	—	—	钱数 1462 文	—	—
四月廿八日	6.6	平遥	—	—	钱数 1460 文	—	正月至今未落透雨，大旱
五月三日	6.10	平遥	—	—	钱数 1450 文	—	—
五月十三日	6.20	平遥	—	—	钱数 1430 文	—	—
五月廿五日	7.2	平遥	—	—	钱数 1420 文	—	—
六月二日	7.9	平遥	—	—	钱数 1410 文	—	—
六月十日	7.17	平遥	—	—	钱数 1410 文	—	—
七月廿三日	8.28	平遥	—	—	钱数 1400 文	—	已落普荐透雨
七月廿六日	8.31	平遥	—	—	钱数 1400 文	—	—
七月廿七日	9.1	平遥	—	—	钱数 1390 文	—	—
八月六日	9.10	平遥	—	—	钱数 1405 文	—	—
八月十五日	9.19	平遥	—	—	钱数 1410 文	—	—
十月十六日	11.18	平遥	春标三厘五	—	钱数 1420 文	平遥各标票利银五十	—
十月十六日	11.18	祁县	春标三厘六	—	钱数 1420 文	—	祁县各标票利银五十

第三节　标期与商业信用

在万里茶路经营中，商业信用也很常见，晋商不只向同乡提供商业信用，也向俄国商人提供商业信用，赊销、预付也是常见的。

例如大盛魁在蒙古放"印票"① 账，一次交易能有三重利。如果是赊销，大盛魁会以更高的价格出售货物，月息三分。例如，砖茶一块，市价五钱（假设利润率20%），赊销价格则可以高达八钱（利润率增加到100%）。②

笔者此处重点介绍下"标期"，只因标期是晋商在万里茶路经营中的独创的信用方式。

一、标期是万里茶路发展的产物

标期产生于晋商对蒙俄贸易期间，对蒙俄贸易日趋扩大，商家往来，需要资金融通的情况越来越多，"标期"就应运而生。

"标期"可以简单理解为商家交解现款的期限。之所以在俄蒙贸易中产生"标期"，很重要的原因是远途贸易，资金流大，而且资金回笼时间长，商人资金融通需求更加迫切。货物批发之后，资金借贷和归还要考虑一定的期限。

一般来说，每年有春、夏、秋、冬四标，每季一标，一般一标为三天。商家之间货物赊销，以标为期进行结算。这种标期结算的方式，很大程度上便利了商人的经营。

一般认为，标期最早产生于张家口，是为蒙俄贸易服务的，此法一经推出就大受欢迎，很快在晋商中得到推广。

按照四季标期进行结算，这是晋商的一个重要创新，能够有效促进商人的资金周转速度，各地标期不同，如平遥、祁县、太谷等地标期就有各自的标期。

二、标期的运作

"标期"具体日期经常不那么确定，要由各商家派出代表协商确定，之后通知各地商户到期归还。

如果哪个商户逾期未能结算，则被称为"顶标"，这会成为一个信用不良的标志。严重者，会在整个商圈信誉扫地，再难得到融资，甚至难以立足。为了保障信用良好，各地商号会在标期到来的时候，请人押送现银去交付。

一旦到期无法付出款项，"顶标"的商号经理人姓名，是要在汇票行业进行登记的。这相当于现在的不良信用记录，一经登记，其他商号会避免与之发

① 清代蒙古草原上的一种借据，是封建王公向高利贷者出具的一种盖有王公或旗署印信的票据。据说这种票据上印有：父债子还，夫债妻还，死亡绝后，由旗公还。

② 沈斌华.内蒙古经济发展史札记［M］.呼和浩特：内蒙古人民出版社，1983：125.

生业务往来，再想要赊购货物，就困难了。

当时茶路上的山西商人非常重视标期，"凡咱买货码头，除零星出售，现清货银外，若卖银期划卖之家，随信勿将用主号报祁，以便内外了然。逢标遇期，收结票贷货银，稍有缓期误银之家，不特许报祁知，与各路亦得通报，毋得擅报平安过局，自取掩耳盗铃欺蒙之咎。此弊殊深痛恨，戒之戒之"。① 意思就是说，绝对不能轻视标期的问题，如果无法及时支付资金，就一定要报告总号，想办法解决。资金流动性发生问题，还"掩耳盗铃"的行为，一般商家的评价是"此弊殊深痛恨，戒之戒之"。

标期也称"镖期"，因为一开始没有票号，在现银结算的情况下，到了镖期，要雇用镖局押运现银去支付。结算被称为"过标"，涉及计算利息，计息方式有：满加利、短期息、对月利、长年利等。

以大德通为例，从其号规可以看出，他家用"长利率"多些，"祁铺内外周行借贷，皆是茶号一门办理，'同兴裕'所占银两，除迄资银五万两，用多用寡，皆向茶号周借，勿论逢标、平时，按长年利计贷。设有余剩，随时下账。"

至于"满加利"，可以大致理解为，利息之外，加收的利息。"所谓满加利者，乃满算加利之谓。"一年分为四标，按标公开利率。春标开夏标，夏标开秋标，秋标开冬标，冬标开次年春标，依次循环。利率水平大致是每千元满加利二十元左右。

三、标期的特点：物流与资金流结合的创新融资方式

标期是商业信用，是商家之间的融资。它属于短期融资的一种，其特殊之处在于，它把万里茶路上的物流和资金流结合起来。

一般来说，张家口最先结算，人称"东口标"，大约二十天后归化结算，开"西口标"，再二十天，太原开标，五日后，开太谷标，再五日后，开太汾标，汾阳结算。另外，平遥、祁县也有自己的标期。②

这种考虑茶路运输时间和地点，与融资相结合的方式，巧妙地兼顾了运输和融资，给长途运输的茶叶商人提供了很大的便利。

每次过标，商人雇镖局运送现银到标期设立之地，有些商人还请戏班唱大

---

① 1884年《大德通号规》。

② 赵荣达. 晋商万里古茶路［M］. 太原：山西古籍出版社，2006：119-121.

戏，如同节日般热闹。笔者曾经赴张家口考察，与晋商常家后人座谈，老先生提起，小时候每到过标的日子，街面上就热闹非凡，过标的日子也被当地人称为"标节"。

大德通是有名的茶票兼营的晋商商号，1884 年大德通号规中有专门关于"标期"的条款："自今世道，咱处一带，逢标过节，银两松紧不常。咱号事体，虽赖东家盛名，易于通融，但地皮过紧，利息增昂，吃亏败名，大有可虑，是以预为呈知，以免两误。凡做家中交款，估划标前一月，可以得信，即可收会。若期过于促进，零星固可照收，若大项即宜暂避。且四标尤宜分别，春夏两标，疲时多而快时少；秋标虽则平和，犹有露快之势；犹冬标至冬腊两月，地面事多之际，快多疲少，深宜谨防，如做生意，谨记是幸。若夫往家抽交生意，零星小宗，固无限制；如做家中成宗收项，亦可早信关照。不然，倘遇银市疲滞，必受余银之背。通盘估谋，纵然生气秀气，诚虑得不偿失，此情不但与家中为然，即各路彼此往来，亦是如此办理。总之勤信关照，乃生意中之要纲也。"从这些号规中，我们可以看出，大德通对于"标期"的重视。

第五章　万里茶路与金融机构发展

　　晋商之所以能够把茶叶贸易做大做强，能独霸恰克图茶叶市场，很大的一个助力来自晋商设立的金融机构，钱庄、当铺、印局、账局、票号等机构为茶叶商人长途贸易提供融资、汇兑、兑换、汇划等金融支持，解决了茶叶商人们的很多问题，极大地推动了晋商茶叶贸易的发展。

　　中国的金融网覆盖到了对外贸易所及的范围，中国的本土金融机构在跨国发展中，其职能也得到了推进。金融机构发展与茶叶贸易发展是互相促进，相辅相成的。

第一节　钱庄发展及在茶路上的作用

一、钱庄的产生与发展

　　在万里茶路的经营上，钱庄起了很大的作用。很多重要枢纽城市的钱庄都是山西商人开立的。例如，当时张家口的钱庄，就主要是晋商经营的。

　　钱庄早期是经营货币兑换的金融机构，后期发展到存款、贷款、兑换等多种业务经营。在钱业全盛时期，一些规模较大的钱庄，不仅办理存款、贷款，还发庄票、银钱票，凭票可以兑换货币。

　　康熙朝代之后，钱庄开始迅速发展，当时商品经济发展的需要，商业较为发达的地区，普遍地开设了钱庄。据当时的统计，康熙年间到道光十年（1830年），开设的钱铺多达389家。[①]

---

　　① 《工部尚书兼管顺天府尹事务张祥河等奏》（咸丰九年九月十六日，《清代钞档》）。

二、钱庄在万里茶路经营上的作用

(一) 发行庄票

在茶叶经营上，山西商人常要经手大额的资金，现银转手很不方便，于是钱庄就用票据代替现银。

这种钱庄发行的票据当时被称为"庄票"，钱庄发行这种庄票，代替现银使用，客户也可以持庄票找钱庄兑付现银。

这种庄票和西方的银行券十分相似，它实际上是以钱庄的信用在维持庄票的使用功能。在清代中国缺乏现银的情况下，庄票作为现银的替代物，有着明显的便利性。一张纸，没有什么分量，又方便携带，方便保管，避免了搬运金属货币的麻烦。这是促进商业活动更加顺利开展的一种创新。

(二) 签发钱票

钱票又称钱帖、凭帖或兑帖。乾隆至咸丰年间，在北方的钱庄，不论境内、境外，常能看到钱票签发。钱票的产生是为了方便商业活动中的铜钱结算。

清代，中国的货币常见的就是白银、铜钱。一般是一两银兑换大约一千文铜钱。铜钱作为一种金属货币，分量不轻，大量的金属货币的结算支付，就导致了结算过程的烦琐和不便。铜钱清点、搬运都需要时间。当时官方都注意到："货物交易在千文者尚系现钱过付，若数十、数百千以上，不特转运维艰，并盘查短数，收剔小钱，尤非片刻所能完竣。"

钱铺为了解决这种铜钱结算的不便，就先签发给钱票，需要现钱的时候，客户可以来兑取。钱票的出现，为参加商业活动者节约了时间和体力，提供了商业的效率，是一种积极的金融创新。

时人评论："今贾人出钱票，其始皆恃票取钱无滞，久久人信其殷实不欺，于是竟有辗转行用至数十年不回者，并有竟不回者。黄河两岸，致富者莫不由此。"[①]

我们可以知道，钱票最初产生的时候，拿到钱票的人不久就会凭票兑付铜钱。但是，因为钱庄信用较好，大家慢慢就不急着兑付。甚至把钱票当作货币流通起来，"辗转行用"。

---

① 王鎏. 钱币刍言续刊 [M]. 上海：东华大学出版社，2010.

至道光年间，钱票的使用已经成为常态。"北人行使空票，南人多用洋钱。"①

（三）汇划功能

以汉口为例，宝源长钱庄于 1890 年创立了汇划所，进行票据交换，通过这种汇划方式，使商业票据的处理程序被大大简化，免除了往返运送的麻烦。自从这种汇划制度创立后，钱庄就成为金融业的结算中心，并控制了汉口金融款项的收解。

这种汇划制度在之后的数十年时间里起着重要的作用，一直到 1948 年中央银行汉口分行成立，钱业汇划业务才算终结。② 也就是说，在一定程度上，钱庄的汇划业务在近代承担着中央银行票据清算的职能。

（四）转账结算

内蒙古归化城的钱庄、银号业者们成立了"宝丰社"，商业买卖的"拨兑"和票据清算都由该社集中进行。后来宝丰社成为远近闻名的金融业联合组织，当地钱庄、票号、银号等各种金融机构都加入了"宝丰社"。

《绥远通志稿》记载："宝丰社在有清一代始终为商业金融之总汇，其能调济各行商而运用不穷者，在现款凭帖而外，大宗过付，在拨兑一法。……拨兑之设，殆在商务繁盛之初，兼以地居边塞之故，交易虽大，而现银缺少，为事实之救济及便利计，乃由各商转账，借资周转。历年之火，遂成金融不易之规，且代货币而居重要地位。"③

从这里我们可以看出，宝丰社的影响力之大，当时在万里茶路要塞的归化城里，几乎所有需要清算的金融机构都加入了宝丰社。票据清算、转账业务的顺利进行，可以缩短商家资金回笼的时间，也加强了金融机构之间的合作，扩大了金融业对经济的影响力。

宝丰社作为一种创新的金融制度，从服务实体经济角度，起到了积极的作用。而且，宝丰社的运作已经有了中央银行的雏形，很有进步意义。

---

① 《皇朝经世文续编》卷五十八。
② 参见《武汉文史资料》1997 年第 4 辑。
③ 绥远省通志馆. 绥远通志稿 ［M］. 呼和浩特：内蒙古人民出版社，2007.

第二节　票号产生发展及在茶路上的作用

一、山西票号的产生与发展

一般认为，票号产生于道光初年，也就是 1823 年左右，由山西商人创立，因为经营者主要是山西商人，也一度被称为"山西票号"。在此后的一个世纪，山西票号得到了迅速的发展，最多时有数十家，全国分号有 400 多家，分号甚至延伸到海外。

清代冯济川描述："票商，始于汾之平遥，厥后祁、太人乃仿之。其业者眼光极大，所定法律亦善。……是以初年仅日升昌等一二家，今则二十余家，而小票号尚不在其中，遍中国无不有分庄，近年且蔓延于外国焉。以一家言，若经纪完善，每年可获利息三十万金。"①

1823~1860 年票号历年开设家数统计如表 5-1 如示。

表 5-1　1823~1860 年票号历年开设家数统计

时间	实有家数	新开设	
		票号牌号	家数
1823 年前后	1	（平遥）日昇昌	1
1826 年	6	（平遥）蔚泰厚、蔚丰厚、天成亨、蔚盛长、新泰厚	5
1821/1850 年	7	（太谷）志成信	1
1838/1842 年	8	（平遥）日新中	1
1837 年	9	（祁县）合盛元	1
1851/1858 年	10	（平遥）协和信	1
1856 年	11	（平遥）协同庆	1
1851/1861 年	12	（祁县）大德兴	1
1859 年	13	（祁县）元丰玖	1
1860 年	15	（平遥）百川通、（太谷）协成乾	2

资料来源：黄鉴晖.中国银行业史［M］.太原：山西经济出版社，1994：396.

---

① 冯济川.山西乡土志［M］//山西省史志研究院.山西旧志二种.上海：中华书局，2006：61.

前面提到，太平天国阻断了茶路，导致万里茶路经营出现了重大的危机，山西茶商不得不另外寻找茶源地，开辟新的茶叶运输路线。晋商受到影响的经营领域，还有票号业，但这个影响是积极的影响。

由于太平天国运动，官方的财政收入、支出的调拨运送现银的道路被阻断，于是票号推出了代解饷银业务，一举获得了来自官方的资金支持和政策扶持。太平天国运动成为票号业发展历史上的一个重要节点。从此票号业开始进入了飞速发展时期，分支机构和业务规模都得到快速的发展。

从 19 世纪 60 年代起直到清末，大概半个世纪的时间，票号发展进入黄金时期。在清末最后的十年里，票号的分支机构拓展到了全国 95 个城镇，经营版图进一步扩展到了西北边陲及东北一带，西藏、宁夏、长春等地也有了票号的分号。有的票号将分支机构办到了海外，各票号的分号数量也达到 475 个①，票号的业务规模也达到了前所未有的程度，据不完全统计：1891~1911 年，票号业的汇兑额达到 1 亿 5 千万两。②

卫聚贤在《山西票号史》中盛赞："（票号）自光绪甲午后，为增盛时代，自庚子至辛亥为极盛时代。"③

1893~1911 年票号家数增加统计如表 5-2 所示。

表 5-2　1893~1911 年票号家数增加统计

年份	新设							歇业							本年实有						
	山西帮					南帮	共计	山西帮					南帮	共计	山西帮					南帮	共计
	平遥	祁县	太谷	太原	小计			平遥	祁县	太谷	太原	小计			平遥	祁县	太谷	太原	小计		
1893															13	7	4		24	3	27
1894										1		1			13	7	4		24	2	26
1895				1	1										13	7	4		24	3	27
1900									1			1		1	13	7	4		23	3	26
1901	1				1		1								13	7	4		24	3	27
1903			1		1		1								13	7	5		25	3	28

---

① 黄鉴晖. 山西票号史料 [M]. 太原：山西经济出版社，2002：469.
② 杨端六. 清代货币金融史稿 [M]. 上海：三联书店，1962：125.
③ 卫聚贤. 山西票号史 [M]. 重庆：说文社，1944.

| 年份 | 新设 | | | | | | | 歇业 | | | | | | 本年实有 | | | | | | |
| | 山西帮 | | | | 南帮 | 共计 | | 山西帮 | | | | 南帮 | 共计 | | 山西帮 | | | | 南帮 | 共计 |
	平遥	祁县	太谷	太原	小计			平遥	祁县	太谷	小计				平遥	祁县	太谷	太原	小计	
1902~1905								1			1		1	12	7	5		24	3	27
1904	1			1		1	1	2			2		2	11	7	5		23	3	26
1907		1		1		1								11	7			24	3	27
1908									1		1		1	11	6			23	2	25
1910			1		1						1		1	11	6			23	2	25
1911											1		1	11	6			23	1	24
不详		1	1	2	3							1	1	11	6			24	2	26
合计	2		2	1	5	5	9	4	1		5	5	10	11	6	6		24	2	26

资料来源：黄鉴晖. 山西票号史料 [M]. 太原：山西经济出版社，2002：466.

但是，票号后期的极盛发展背后，其实蕴藏着深刻的危机，对政府的过度倚赖导致了极大的政治风险，辛亥革命的爆发对票号业形成致命打击。基本上可以说是，清亡票号亡。政治局势巨变是一方面，票号自身存在的问题，也是一个原因，在内忧外患下，曾经号称"金融执牛耳"的山西票号业就迅速退出了历史舞台。大部分票号倒闭、清理、歇业，小部分改组为钱庄、银号，个别几家还在艰难维持。到1940年最后两家票号也改组为银号。[1]

虽然只有百年历史，但票号在历史上的辉煌是难以复制的。马寅初先生这样评价票号："如是既无长途运现之烦，又无中途水火盗贼之险，而收解又可两清。商业之兴，国富以增，票庄历史上的贡献不可谓不大。"

二、票号的业务和组织

(一) 票号的业务

票号起初是专营汇兑业务的，后来发展为存款、放款、汇款一体经营的传统金融机构。

---

① 黄鉴晖. 山西票号史料 [M]. 太原：山西经济出版社，2002：550.

陈其田在《山西票庄考略》中描述了票号的业务类型，山西票号也称汇兑庄，顾名思义，其营业以汇兑为主体，存款及放款居次要地位。票号汇兑的方法分五种：①票汇，普通汇款以票汇居多，由票号开汇票一张，交与汇款人，汇款人将汇票寄给受票人，受票人可拿汇票向分号提款。②信汇，汇款人将款项交给票号，汇款人写信给受票人，票号写信给分号或者联号，受票人持信到分号或者联号取款，但受票人需要出领款收据给分号或者联号，分号或者联号再将收据寄往票号。③兑条，汇款人将银票交与票号，票号写兑条一张，自中间撕开，上半交与汇款人寄给收款人，下半由票号寄给分号或者联号，收款人持上半兑条到分号或者联号取款。④电汇，多为紧急需款，汇费较贵。电报常用票号自编的密码，日期、数目、平色都能由一二字代替，十分简捷。⑤旅行汇券。①

票号的另外一项业务是办理京协各饷及官员存款。票号承兑清朝财政官款，一般认为，开始于同治元年（1862年）。

为商号钱庄办理存放款后来也成为票号的重要业务，票号办理同业拆放，尤其是放款给资本金较小的钱庄。到了票号经营的后期，票号还做商业贷款业务，也曾致力于放款给近代工业。

票号的利润来源于汇水、利息还有平色等。日升昌票号一年内利润来源及变化统计如表5-3所示。

表5-3　日升昌票号一年内利润来源及变化统计②

分号地址	时间	利润来源					
		汇水（两）	利息（两）	其他（两）	来标得色（两）	平色（两）	合集（两）
江西	咸丰三年（1853）	1471.85	—	—	—	124.47	1596.32
浦号	咸丰二年（1852）	3744.72	—	—	—	1218.52	4963.24
苏州	咸丰六年（1856）	3340.89	—	—	—	882.02	4222.91
维扬	同治六年（1867）	7083.67	—	—	—	83	7166.67
	同治六年前合计	15641.13	—	—	—	2308.01	17949.14
北京	光绪三十二年（1906）	6188.75	16628.73	—	224	1215.25	24256.73

---

① 陈其田. 山西票庄考略［M］. 上海：商务印书馆，1937.

② 黄鉴晖. 山西票号史料［M］. 太原：山西经济出版社，2002.

分号地址	时间	利润来源					
		汇水（两）	利息（两）	其他（两）	来标得色（两）	平色（两）	合集（两）
天津	光绪三十二年（1906）	9574.28	19357.11	—	—	1338.87	30270.26
开封	光绪三十二年（1906）	10020.41	1525.5	—	—	—	11545.91
道口	光绪三十二年（1906）	5241.9	—	—	—	—	5241.9
西安	光绪三十二年（1906）	8200.97		—	—	—	8200.97
上海	光绪三十二年（1906）	6342.33	22599.6	—	—	—	28941.93
扬州	光绪三十二年（1906）	4648.87	10459.15	—	—	—	15108.02
浙江	光绪三十二年（1906）	7278.24	15314.05	—	—	—	22592.29
汉口	光绪三十二年（1906）	17426.36	11519.06	—	103.29	—	29048.71
沙市	光绪三十二年（1906）	10226.63	6902.29	—	—	—	17128.92
长沙	光绪三十二年（1906）	3934.21	6371.56	8784	—	—	19188.77
桂林	光绪三十二年（1906）	6813.67	138188.96	—	—	—	145002.63
梧州	光绪三十二年（1906）	166819.7	6195.89	—	—	—	173015.59
营口	光绪三十二年（1906）	46776.33	3275.54	4258.37	—	—	54300.24
合计	光绪三十二年合计	309501.65	258337.44	13042.37	327.29	2554.12	583762.87
		325142.78	258337.44	13040.37	327.29	4862.13	601712.01

（二）票号的组织

票号的基本组织构成为总号一家，分号若干，分布在各地。总号的内部组织，一般是大掌柜一人，为整个票号负责。二掌柜一人，辅助大掌柜。三掌柜一人，辅助二掌柜，监督全号的伙友。管账先生一人，负责全号账目和银钱出纳。副管账一名，辅助管账管理账目。帮账二人，受副管账指挥，助理各项账簿。文牍先生一员，办理号中对外文件。录信员二人，誊写号中来往文件。正跑街一名，负责接洽存放款业务及一切银钱往来之责。副跑街一至三人，辅助正跑街办理一切业务。练习跑街数名，坐掌柜一员，负责门市部。[①]

分号的组织相对简单，业务多的十几人，业务少的五六人。以清末百川通汉口分号为例：

---

① 李谓清．山西太谷银钱业之今昔［J］．中央银行月报，1937，6（2）：187-188．

汉口分号六人，全由总号派出，对外不准雇用。六人的分工如下：

掌故：一人。

跑街：二人。

会计：一人。

信房：一人。

帮写：（练习生）一人。

因为汉口码头生意较多，这六个人只能负责业务，其他事宜需要雇用当地人，当时百川通汉口分号共雇用十二个：

公司（招待、送银等杂事）：六人。

轿夫（掌柜外出）：三人。

厨师：二人。

守巷：一人。①

三、票号在对俄茶叶贸易中的作用

（一）国内、国际汇兑

1. 金属货币使用带来的不便

清代虽然也有少量纸币流通，但主要流通的是金属货币。无论是铜钱还是白银，其重量都是可观的。这给商业带来了不便。在携带货币和进行结算中，尤其是在大额支付结算中，搬运金属货币，都是要耗费人力、物力、财力的一件事。

在票号产生之前，晋商在贸易获利后，需要搬运现银。例如，万里茶路上最著名的晋商——常家，就曾经为运回茶叶贸易赚取的银两而大费周章。

要知道，清代中国是以银两为大宗交易的支付手段，晋商跨国茶叶贸易数额巨大，涉及的资金流数额也很大。如果运送现银，不仅费时费力，还要雇用镖局押镖，支付不菲的押镖费用，而且还有被劫匪抢掠的可能。劫匪有时候杀人越货，非常凶残，增加了跨国茶叶贸易的凶险。

2. 票号为长途跨国贸易结算提供了极大的便利

在万里茶路经营中，原先晋商到外地采购茶叶或者在国外取得货款，都会面临把大量沉重的白银进行长途搬运的问题。有了票号的汇票业务之后，商人

---

① 中国人民银行山西省分行，山西财经学院山西票号史料编写组. 山西票号史料 [M]. 太原：山西经济出版社，1990.

可以在某地票号存入银两，取得汇票，到异地需要款项支付采购的地方，找到票号的分号提现，然后进行支付。也可以在某地收到货款后，存入票号，取得汇票，返回商号所在地后，在当地票号的分号提现，回笼资金。

一张汇票，薄薄一页纸，就解决了万里茶路上大量现银运输的麻烦和雇用镖局的高额费用，减少了商人经营的麻烦和风险。汇票作为晋商票号的创新金融工具，确实为当时长途茶叶贸易提供了很大的便利。

贸易的发展，必然导致金融服务的跟随，晋商的经营足迹延伸至国外，山西票号的分号也开到了国外。随着中俄茶叶贸易的开展，山西票号的分号也开到了俄国，承担了国际汇兑的职能。山西票号也成为中国最早的跨国金融机构。

票号通过首创汇兑业务，赢得了很多客户，尤其是像山西茶商这种长途运输及国际贸易客户，对方便安全的汇兑业务格外青睐。

3. 汇票的形式

各家票号的汇票形式不一，以下是常见的几种汇票票式：

票式：

盛聚祥名下津公砝化宝银壹仟两整	言定汇至
天津见信迟五七天无利照数交还	未立砝即依
此信为凭　　　　勿误此据	
无保不付	随号信一封
代付	
锦生润记	辛
	集会记皮庄票

票式：　　　　　　　　　见票迟五七日交

汇到盛聚祥津公砝化宝银壹仟两整

　　　　　　　面生要宝

　　　　上

锦生润代收第二号三月初四日　　　　　　　会记皮庄开①

图5-1　旧式汇票（会券）的主要程式

---

① 《各行商汇票借约失速声明作废卷》，《天津商会档案》业务类，1905年，卷号101。

票式：

```
凭票汇付

德生泰宝号曹平银五千两正言定

汇到上海见票十天向本号无利交兑

不误此据

此票未曾较砝照上海公估平比兑

光绪二十五年三月三十日    许若人经手

郝二明经手

票
```

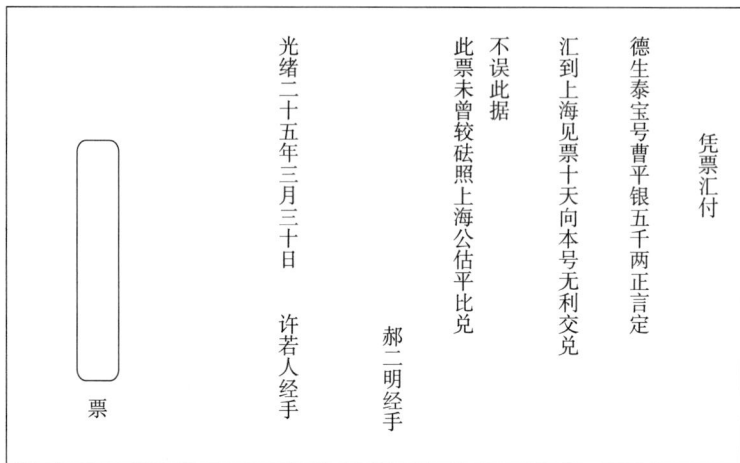

图 5-1　旧式汇票（会券）的主要程式（续）

4. 汇票业务有关规定及流程

为了不会因为一时的付款困难影响票号的信誉，汇票上有"见票迟×天交还"的规定，并且会明白地写在票面上。[①]

5. 汇票业务的风险管理

在长途茶路经营中，只凭一张小小的纸，就要提取数以千计，甚至数以万计的白银，而且还是在异地，万一出现差错，被冒领、误领，就会造成很大的损失，而且会影响到票号的声誉。从票号业务出现起，山西的金融从业者们就在殚精竭虑地思考，如何进行风险管理，避免损失。

（1）汇票防伪。

1）特制纸张。各家票号多使用特制纸张来制作汇票，如平遥蔚泰厚的汇票纸张，以绿线红格为基调。各分号都用总号的汇票纸张，如果写坏一张，必须寄给总号备数。将汇票纸张作为重要空白凭证严格管理，这是防伪的一种手段。

2）水印（暗印）。不少票号会在汇票上面印上暗印，外人一般不了解，见票时，检查暗印，如果没有，就是假汇票。协同庆的汇票如果对着阳光看，就能发现不易察觉的"协同庆"三字。[②]

3）专人书写。各票号分号有专人书写汇票，并且要把其笔迹报告总号和各

①② 中国人民银行山西省分行, 山西财经学院山西票号史料编写组. 山西票号史料 [M]. 太原: 山西经济出版社, 1990.

分号。

4) 汉字密押（暗号）。为了进一步杜绝伪造汇票的可能性，票号还会在汇票后面书写密押，也就是暗语，暗号、这种暗号，外人不知，可以有效防止假冒汇票。但要适时更换，防止时间久了，会被人猜破或者出现泄露。

大德恒票号汇票暗号码：①

赵=壹   氏=贰   连=叁   城=肆   璧=伍

由=陆   来=柒   天=捌   下=玖   传=拾

国=万   宝=仟   流=百   通=两

这个暗语方便记忆，连起来就是：赵氏连城璧由来天下传国宝流通。

如果汇款金额是一千二百两，暗语书写为：赵（壹）宝（仟）氏（贰）流（百）通（两）。外人看到"赵宝氏流通"，不会明白这是什么意思，更不会想到，这是代表金额的暗语，"一千二百两"。

（2）"讨保交付"和"面生要保"。这是一种兑现要求，会写在票面上。通常说"凭票即付""认票不认人"，票号对汇票业务并没有要求必须讨保。但是有时商家会提出要求，票号必须履行保证商家汇款不遗失的义务，这种情况下，票号会在汇票上盖上"讨保交付""面生讨保"的戳记。如果有"讨保交付"的戳记，交付时必须取得商保。如果有"面生讨保"戳记，就是在取款人看着生疏的情况下，要求商保。

（3）制度防范。为了进一步防范风险，票号开始使用三联单式，"汇票根"寄到总号或联号，"汇票"交给汇款人，"汇票存根"系发汇款的票自留存根②。

（二）提供金融信用

票号发展初期只办汇款，业务收入就是"汇水"。后来，随着经营的发展，票号也开始提供信用业务。

票号提供信用，进行放款，是基于两个前提：一是票号的资金基础，二是票号的客户基础。

1. 票号发展信用业务的资金基础

首先，票号本身资本金实力就很雄厚，另外票号的汇款业务也带来了大量资金留存。

票号经营汇款业务形成的短期存款，为票号向外放款提供了资金基础。尤

---

① 卫聚贤. 山西票号史［M］. 重庆：说文社，1994：107.

② 卫聚贤. 山西票号史［M］. 重庆：说文社，1994：108-109.

其是在晋商茶叶贸易长途经营过程中，一个茶商到外地购买茶叶时，一般会在出发地存入银两，取得汇票，再到外地凭汇票提取现银用以支付货款。然而山西茶商在万里茶路上进行的多是远途贸易，尤其是跨国贸易，万里之遥，需要数十天才能到达茶叶消费地。销售完茶叶，回程途中，又是数十天。等销售茶叶结束，他们把现银存入就近的票号，回到国内再找票号解付现银，这个过程又是几十天。

对于票号总体经营来讲，不管现银存入哪个分号，不管客户从哪个分号提取现银，从资金存入提取，这中间有个时间差，这笔汇兑资金都是留在了票号内部，这就为票号放款业务提供了一个基础。而且，这笔钱是汇兑资金，不算存款，不用支付利息。经营跨国茶叶贸易的晋商们业务量大，汇兑资金量大，这就相当于给票号提供了大笔无息资金来源，只要经营调度得当，这笔钱完全是可以用来放款的。

2. 票号信用业务的客户基础

票号的放款额业务的对象一般是钱庄和大的商号，陈其田在《山西票庄考略》中描述："放款的对象以钱庄、官吏及殷实铺户为多，小商号及个人向不交易。"① 放款的期限有短期和长期，短期三到六个月居多，长期为一年以上。放款的形式以信用放款为主。

3. 票号的利率

（1）利率水平。票号的存款利率一般低于钱庄，而放款利率则高于钱庄。"票号其专业于汇兑，故当时有以汇兑庄名之者。及其后也因营业上关系，间亦从事存款、放账等业。唯票号之存款利率，均较低于钱庄；而其放款利率，则又高于钱庄。此乃票号自与其势力信用，然人亦乐就之。"②

受到当地资金余缺状况的影响，不同地方的票号利率水平也不一样，"在东北地方，月利常在七分上下，北京最少，天津比北京较多。"③ "票号之利息，没较低于钱铺之利息，其差异二厘至四厘不等。票号之借款利息……普通为最低之五厘，至块银甚缺之时，其最高者尝有三分之重利。唯每年观察金利之上下，其变动大至在五厘至于二分之间。"④

（2）利率决定。票号利率决定没有定数，因时因人而异。"但票号三帮之

---

① 陈其田 . 山西票庄考略［M］. 上海：商务印书馆，1937：133.

② 东海 .《记山西票号》，《银行周报》第一卷第八号，第 17 页。

③ 陈其田 . 山西票庄考略［M］. 上海：商务印书馆：1931：134.

④ 潘承锷 . 中国之金融（下册）［M］. 中国图书公司，1908：6.

中，对于存放之利率，亦均各有参差，平帮则存轻而放亦轻；若祁太两帮，则存放利率均高于平遥帮。此不过就其普通之一般情形而言之。实际上则因时因人相互关系，各号均大有伸缩，殊未可一概而论也。"① 看当时的情形，平遥帮票号的利率相对低些，而祁县、太谷商帮的票号利率相对高些。但具体利率确定，各票号的弹性很大，也不能一概而论。

4. 票号的信用风险管理

万里茶路上的茶叶贸易金额巨大，票号放款的信贷资金数量也很可观，一旦放出去的款项收不回来，票号的损失将会十分巨大。因此，有效的信用风险管理就是票号面临的很重要的问题。

（1）不"贪放"，注重信贷资金安全。大盛魁号有严格的号规，其中有一条写着："凡两口遇年份兴盛，利息较大，不免有贪放借贷之嫌，首项小次虑保重，虽即背利息忽略之事，总以不做为上，万勿含糊。"

茶路上的东口和西口是生意比较集中的地方，茶叶贸易兴盛的时候，资金需求大，票号面临的放款需求自然也增大，金融市场平均利率就会提高。作为票号经营者，难免有人在面对大额利息收入时蠢蠢欲动，可能会"贪放"，就是过度放款。所以，有票号定下号规，要大家"虑保重"，就是牢记资金的安全性。对于可能不安全的业务，"不做为上"。

对于"贪放"者，票号的处理也是严厉的，如果"贪放"导致损失，要追究个人责任，"倘若失错，是谁贪放，定罚不贷"。②

事实上，这与现代商业银行的三性原则不谋而合。金融机构的营利性和安全性是一对辩证统一的矛盾，在一些具体的业务上，贪图盈利，就会削弱安全性。当时的票号经营者，能在"两口"业务繁盛，茶叶商人们允诺支付高利息请求放款的时候，还保持清醒，不"贪放"，这是正确的信贷风险管理理念。

（2）"不准再放"，不加大信贷风险。为了降低信用风险，有的票号要求："凡两口售货，相与货账字号，不准再放与借贷，设若出错，单行难当，双行更难支持矣。谨之戒之，犯者出号。"③票号经营者认为，对放款客户，在未还清上笔借款之前，不能再次发放贷款，以免加大信用风险。尤其是茶路上的"两口售货"，要特别注意风险。

（3）规范经营。为了有序管理、规范经营，票号商人还设立了行会，进行

---

① 东海：《记山西票号》，《银行周报》第一卷第八号，17 页。
②③ 1884 年《大德通号规》。

规范的金融运作。例如，北京山西票号商人组织的行会就有这样的"会规"：中国汇兑银号，除汇兑银两外，间有与官家、商家通融借贷之事，息银多少各有不同，书立信据，书明归还日期，即应如期归还；中国汇兑银两收交以票、信为凭，往来以折条为据；中国汇兑银两，应以本地之通行银色收交，一律两不相亏；开设商号宜慎之于始；交库上兑须益加郑重也；出银票之商家宜认真整顿；空盘不宜作为核实。①

（三）其他业务

有些票号还兼营商业，做汇款业务的同时，也销售货物，在万里茶路上的一些重要地点，发挥着重要的作用。民国七年《银行周报》对曾经在万里茶路要塞——库伦经营的晋商票号这样评价："汇兑兼货庄，能吸收俄钞，买金磅汇上海，于金融界大占势力。"

由此我们可以看出，当时在万里茶路沿线城市的晋商票号除了传统业务，还进行外币业务，如经营外币存款，进行中俄两国货币兑换。

某些票号还从事过俄国货币的自营买卖业务，从中获利"津郡众票庄每日由津载运现银不下十万之谱，均运输关（即山海关）一带，再行暗自运往奉省营口各处，以备调换俄票。按现银一千两加色二百两，将俄票带往上海，以俄票调换中国通商银票，又须加色"。②

第三节　茶路经营与账局的产生和发展

一、长途茶叶贸易催生账局业务

在晋商的金融机构里，账局经营也是较为成功的。清代账局大约产生于雍正、乾隆之交，其业务包括存款和放款。

账局产生发展的历史经济背景是清代工农业生产快速发展，商业活动也大规模发展起来。尤其是晋商在万里茶路中对俄外贸的大量扩张，使原先仅仅依靠自有资本积累进行经营的商号无法适应业务的拓展。

---

① 刘建生，刘鹏生.晋商研究［M］.太原：山西人民出版社，2005：111.
② 参见 1904 年 4 月 24 日《大公报》。

当时人观察得出这样的结论："各行店铺自本者十不一二，全恃借贷流通。"① 账局的融资功能为山西商人提供了及时的资金帮助，在万里茶路的一些重要的市镇，如张家口、多伦、天津、平遥等地都有山西账局。

而且，晋商账局资本实力雄厚，当时一位御史奏折中提道，"京城账局共计百十余家，各本银约有一千数百万两。"

从当时官员的奏折中反映的内容，我们可以分析得出，账局的经营者以山西人为主，这是晋商在金融业经营中又一个成功典范。账局资本实力雄厚，而且与商业经营关系极为密切，很多商户依靠账局的融资支持。

二、账局业务

清廷御史王茂荫在奏折中提道："闻账局自来借贷，多以一年为期。五六月间，各路货物到京，借者尤多。每逢到期，将本利全数措齐，送到局中，谓之本利见面。账局看后将利收起。令借者更换一券，仍将本银持归，每年如此。"②

我们从中可以看出，账局的放款业务，主要是一年以内的短期放款。借贷的高峰期在五六月，各类货物抵达京城的时候。而且，在当时，账局还能提供更多的通融，如"本利见面"后，把利息收了，还能"更换一券"，这其实是一种"倒贷款"，等于让商号在证明了自己有还本付息的能力后，再"本银持归"，这就意味着，账局能持续地为商家提供融资。

除了给万里茶路上经营的山西茶商们提供资金，账局还对其他商号放款，也向候选官吏和在职官吏放款。此外，有些账局还办理存款业务。账局放官债之外，也收存官吏存款。嘉庆十三年，刑部左侍郎广兴被革职处死，朝廷查抄其家，发现了"存放账局银三万七千两……存银取利实据"。③

三、晋商把持账局经营

账局是因晋商长途茶叶贸易的融资需求而产生，清代的账局行业基本也把持在晋商手中。晋商在账局经营中是比较成功的，清朝一位翰林院学士评价说：

---

① 王茂荫．王侍郎奏议（卷3）［M］．合肥：黄山书社，1991.
② 《军机处录副》，咸丰三年三月十五日，"御史王茂荫奏折"，中国第一历史档案馆藏。
③ 《清仁宗实录》卷二零四，嘉庆十三年十二月乙巳。

"都中设主账局者，山西人最伙，子母相权，旋收旋放，各行铺户藉此为贸易之资。"①

咸丰三年，度支部的《账局注册册》中有晋商注册成立的账局210家之多，（见表5-4），当时京城账局共268家，山西账局占到了78%。② 这还只是京城一地的情况。

表5-4　咸丰三年在京账局210家山西商人名录

账局牌号	籍贯	商人姓名	账局牌号	籍贯	商人姓名	账局牌号	籍贯	商人姓名
义丰永	介休	张敦礼	义丰成	介休	胡集成	恒裕萃	介休	张立权
义兴通	介休	杨兴林	义聚成	介休	马驷义	豫昌顺	介休	任尔昌
义丰昌	介休	穆栖桐	顺义成	介休	侯荣堂	集祥永	介休	田植璋
义顺公	介休	朱大禄	庆和堂	介休	张成贵	公生明	介休	张永杣
均和公	介休	田秀玉	清凝堂	介休	侯芝芳	德合成	介休	张九思
永顺成	介休	张兴武	天德合	介休	杨本荣	德恒局	介休	武培恩
永顺和	介休	范泽隆	福恒号	介休	乔如曾	福厚局	介休	候慎行
义合永	介休	赵　苓	德厚局	介休	张化普	益和公	介休	李肇珖
发盛亨	介休	刘攫三	永顺恒	介休	郭维清	云集玉	介休	曹尔智
永庆玉	介休	郭曜堂	永昌吉	介休	马仓保	万通松	介休	任开及
宽裕义	介休	宋云卿	泉裕勇	介休	庞振常	恒茂盛	介休	梁明经
富兴公	介休	程　侃	广益公	介休	穆鸿渐	德义成	介休	王文珍
义源德	介休	曹鸣西	义源德	介休	曹世烈	公盛正	介休	张宗英
顺义祥	介休	梁书元	德恕成	介休	柴九礼	和盛义	介休	刘迎源
万盛局	介休	杨德敬	天裕亨	介休	刘维源	广和成	介休	冀世泰
鸿盛彝	介休	郝廷文	永厚长	介休	左焕谋	义发聚	介休	吉汝辅
光正公	介休	侯毓醇	久成升	介休	王大武	义顺长	介休	程守义
元兴长	介休	赵秉奇	永茂成	介休	张员庆	恒裕德	介休	温九如
瑞兴隆	介休	王衍秀	永隆成	介休	孟洪光	广亿恒	介休	武显泰
元隆局	介休	王育棻	永丰长	介休	白锡华	发盛全	介休	原丕芳

---

① 咸丰三年翰林院待诏学士宝钧奏折，参见《山西票号史料》。

② 黄鉴晖. 明清山西商人研究 [M]. 太原：山西经济出版社，2008：192.

续表

账局牌号	籍贯	商人姓名	账局牌号	籍贯	商人姓名	账局牌号	籍贯	商人姓名
裕丰盛	介休	任保泗	任和盛	介休	张培元	通顺永	介休	张兴盛
裕茂盛	介休	任培林	源泰义	介休	穆栖树	永兴和	介休	朱广济
发盛亨	介休	刘廷治	广顺泰	介休	剌文瑜	天瑞宽	介休	赵秉修
协成局	介休	管天相	昌庆成	介休	胡夺铭	豫泰贞	介休	任秉照
同和厚	介休	郭桂起	广昌泰	介休	牛蕴珠	聚盛永	介休	王锡年
合义局	介休	任成辉	余庆远	介休	张明驹	永丰成	介休	李如坊
安盛局	介休	郭丙全	恒兴升	介休	宋正亮	元亨贞	介休	郭介平
怀德局	介休	武辉都	恒庆升	介休	赵守亨	聚泰永	介休	郭元弟
德和局	介休	张明寿	裕泰德	平遥	李珍泰	德成泰	太谷	郭殿公
天佑局	介休	马宪宗	吉格成	平遥	廉德英	积善成	太谷	要献之
悦来局	介休	李亮有	永恒兴	平遥	程沾瑞	广仪亨	太谷	武定治
广和局	介休	郝子奇	集义公	平遥	梁步阁	聚隆泰	太谷	王呈麟
增盛局	介休	任焕庆	永丰盛	平遥	范士全	万积成	太谷	白必信
永德长	介休	王焕章	敦盛合	平遥	康立志	永泰顺	太谷	张锡峰
元成信	介休	刘师闽	如恒局	平遥	康世义	润生公	阳曲	王梅峰
恒丰局	介休	张兰亭	义诚信	平遥	雷豫占	协义公	阳曲	刘尚瑞
永庆明	介休	罗福保	昌蔚永	平遥	李登弟	昌新生	阳曲	唐继昌
义祥永	介休	杨青山	永泰昌	平遥	范文炳	巨和源	阳曲	马廷松
广裕长	介休	孟　谦	元泰恒	平遥	张全禄	协议公	阳曲	孙佶
兴顺泰	介休	刘凝礼	晋昌源	平遥	孟赞礼	永义成	太谷	王懋公
复盛德	介休	赵长凯	益泰和	平遥	刘开来	同生公	阳曲	冯应昌
永盛兆	介休	赵恺仁	德兴怀	平遥	张承格	庆和公	阳曲	王敬峰
恒源茂	介休	续鹤年	泰昌局	平遥	侯洸庆	西义和	阳曲	王大兴
和盛义	介休	刘迎源	聚泰公	平遥	范廷玉	协成局	阳曲	王　炳
义昌信	介休	李中玉	六成顺	平遥	张守勤	永义和	阳曲	王　谦
聚盛全	介休	郭廉福	永兴长	平遥	侯存章	昌新局	阳曲	冯尔辉
源顺局	介休	张彭龄	东心协	平遥	刘君敬	元盛远	祁县	郝光荣
宜庆成	介休	胡安仁	敦盛裕	平遥	景清泰	巨兴和	祁县	马锡赞
乾盛亨	介休	黄禄康	义丰公	平遥	张成亮	文生长	祁县	罗昌隆

账局牌号	籍贯	商人姓名	账局牌号	籍贯	商人姓名	账局牌号	籍贯	商人姓名
顺发祥	介休	杨立本	聚成德	太谷	田扶疆	元丰永	祁县	孙鄂元
义顺源	介休	程永令	恒庆隆	太谷	杜淦珩	兴盛恒	祁县	周鼎元
源隆世	介休	张培基	永泰玉	太谷	张锡光	源来局	祁县	刘秉文
义聚顺	介休	曹鹤寿	保隆堂	太谷	王泰连	长源魁	祁县	芦绍植
恒兴泰	介休	杨抖楷	宝丰隆	太谷	郭春轩	协成玉	祁县	赵廷栋
吉万顺	介休	王锡顺	会隆堂	太谷	王希彭	云兴隆	祁县	刘保兴
永发公	介休	李伟珠	义长吉	太谷	马培林	广义永	祁县	冯世保
道兴合	介休	陶应宣	尚志堂	太谷	要正泰	集祥永	偏关	张文魁
隆盛永	介休	梁建印	广隆堂	太谷	郭成图	恒新顺	偏关	康思芬
聚隆永	介休	赵秉谦	恒升庆	灵石	阎中选	昌泰信	榆次	张万昌
永裕长	孝义	王文广	德新局	灵石	王景山	天成公	榆次	白执中
玉祥永	孝义	高体	德厚局	灵石	王锦荣	恒新利	榆次	宁全章
王增祥	孝义	高冲汉	吉庆长	孟县	潘万令	源兴诚	榆次	李维浩
玉成兴	孝义	高铭鼎	复成永	孟县	郑呈辉	广成德	榆次	常导教
通兴局	孝义	武永枢	天合永	孟县	王干周	恒和茂	榆次	刘世明
聚源沁	文水	孙廷栋	永利长	汾阳	王森泰	—	—	—
庆成裕	文水	武凤仪	德新局	汾阳	王令	—	—	—
聚和奎	文水	李春华	聚珍局	崞县	郭亨泰	—	—	—
聚丰永	文水	郭世慰	万盛局	崞县	韩嗣昶	—	—	—
天成德	太原	黄琳	源恒勇	忻州	崔绳祖	—	—	—

资料来源：清度支部档，《账局注册册》，宣统二年十月。

四、山西账局影响力分析

在万里茶路经营中，很多大商号都有在茶路沿线城镇设立账局，融通资金，或借贷给其他茶叶商人，或放款给自家的茶庄，这种及时的资金支持促进了茶叶贸易的顺利开展。

而且账局不只是服务于茶路上的商人，还为其他工商业、金融业提供融资业务，比如一些印局也仰仗账局的融资。

咸丰年间，通政使司副使董瀛山奏折中提道："印局之资本全靠账局，至本年以来，铺户关闭者甚多……而城外广裕、日升等账局依然关闭。账局不发本，则印局竭其源；印局竭其源，则游民失其业。"①

当时山西账局之所以关闭，是因为太平天国北伐逼近了直隶，京城混乱，很多晋商就暂时关闭了账局业务。账局业务的停滞，导致了很多问题。在这位官员的奏折中，不仅提到了印局资金受此影响而枯竭，还进一步分析了对普通百姓的影响，"游民失其业"。

这就看出，当时京师里，山西账局的资金直接关系着金融市场的银根松紧。晋商账局关闭，整个京城银根收紧，印局无钱可放，工商业受到影响，自然导致了普通百姓的失业问题。

另一位官员也提到了这个问题，因为经营账局的晋商携带资金回原籍，"由是各行商贾无所通挪，遂不得已而闭肆"。② 直接指出了账局关闭对工商业的影响之大，甚至能导致"闭肆"。

王茂荫奏折中的分析说："各账未尽届期也；若届期全行收起，更不复借，则街市一旦成空。盖各行店铺，自本者十不一二，全恃借贷流通。若竟借贷不通，即成束手，必致纷纷歇业，实为可虑。且可虑者，尤不独在店铺也。即如各行账局之帮伙，统计不下万人，账局收而此万人者已成无业之民。各店铺中帮伙，小者数人，多者数十人，一店歇业而此数人、数十人者，亦可成无业之民。是账局一收，而失业之民将不可数计也。"③

由此我们可以得知，在咸丰年间，山西人的账局已经发展到在京城的金融界举足轻重的地位。当时官方的统计，账局之帮伙（从业人员）"不下万人"，而且影响到京城商业界很多商铺和从业人员。虽说这位官员所说的"账局一收，而失业之民将不可数计"也许有夸大的成分，但是也足以说明，当时账局的影响力之大，使朝廷对账局如此关注。

---

① 清档，通政使司副使董瀛山，咸丰三年三月四日奏折。
② 清档，翰林院侍读学士宝钧，咸丰三年三月十四日奏折。
③ 王茂荫：《请筹通商以安民业折》，咸丰三年三月二十五日。

第六章 万里茶路与金融重镇形成发展

明清时期，晋商的经营不仅振兴了很多行业，还促进了集市的形成，包头有传说，"先有复盛公，后又包头城"，这里的复盛公，是祁县乔家的商号；辽宁有谚语，"先有曹家店，后有朝阳县"，这里的曹家就是太谷商人；西宁有传闻，"先有晋益老，后有西宁城"，晋益老是山西商号，显然，商业发展促进了城市的聚集效应。

在茶叶贸易中，晋商再次发挥了商业经营促进城市发展的效应。张家口、伊犁、包头、归化、库伦、科布多、恰克图等都成了有名的商业贸易城市，成为远近闻名的物流中心。物流中心一般会吸引金融机构前来办理兑换、结算、汇兑等业务，从而形成金融中心。

万里茶路的重要枢纽或茶叶集散地，因为资金流的汇集，往往会形成金融重镇。典型的有汉口、张家口、归化城等。

清代，中国茶叶外销形成了三大集散地，即上海、福州和汉口。上海主要是两江、湖广、闽、浙茶叶，销往欧美、日本；福州以福建茶为主，销往美洲和南洋；而汉口主要是湖广、两江茶叶，销往俄国。

第一节 汉口：东方茶叶港

一、东方茶叶港：汉口

汉口由于水陆两便的地利优势，成为中俄万里茶路的一个重要的茶叶转运站。从鄱阳湖来的武夷茶船、黄盖湖来的两湖砖茶最终都会来到汉口码头，进行转运。

汉口地处湖北省的西部，属于万里长江中游，因汉水注入长江而得名，是天然良港。从汉口往西 1000 多千米可达重庆，向东 1000 多千米到上海，西北方向 500 多千米可抵襄樊，地理位置十分优越。

不过，尽管有优越的地理位置，但汉口也不是自古以来就受到重视的交通枢纽。汉口的交通优势也是随着经济发展变迁而显现出来的。元代时期，汉口还只是一个小村落，仅有几十户人口。明朝中叶才成为漕粮交兑口岸。进入清代，山西、安徽等商帮在汉口的商业活动极大地拉动了汉口的发展，到乾隆、嘉庆年间，汉口成为水陆交通的要冲，人称"九省通衢"。

尤其是茶叶贸易，使汉口拥有了国际知名度。据统计，19 世纪 90 年代，汉口的茶叶出口几乎每年都在 200 万担以上。当时，中国的茶叶出口占到世界茶叶市场总量的 80% 以上，而仅从汉口一地输出的茶叶就占了国内茶叶出口的 60% 以上。① 汉口茶叶贸易的繁荣可是说是中外驰名，被西方人称为"东方茶叶港"。

茶叶贸易的繁荣促成了汉口在中国近代金融史上的重要地位，这里聚集了很多金融机构，资金往来十分频繁。近代汉口的银钱兑换、票号汇兑等金融业务非常繁荣。可以说，汉口成为中国近代金融中心之一，一个最重要的原因就是茶叶贸易。

《武汉工商史料文库》记述了汉口的茶叶贸易情况："清末本埠对外贸易，以茶市为第一。次之为黄豆、棉花、桐油。此三种中黄豆、棉花均只是昙花一现，桐油虽维持较久，亦终不如茶市盛极一时。本埠茶市以红茶为主。其产地为湖南、湖北、江西、安徽四省……其种类为红茶、绿茶、粉茶、砖茶四种。行销最广者为俄国。本国茶商分为两种：与外商直接交易者；与蒙古交易者。"②

汉口外销的茶叶，最主要的渠道是汉水向上，北抵蒙俄的线路，这条渠道主要由晋商包揽。晋商在汉口的影响力可见一斑。

早期的茶叶路线，是武夷山茶叶运往恰克图。晋商的茶船在抵达汉口后，要进行停留，大的茶商在汉口会设立分店，方便照应自家过往的茶船。咸丰年间，茶源地从福建转到湖北、湖南后，汉口成了茶叶北向贸易的一个起点，作

---

①　郭伟齐，董玉梅．汉口茶叶贸易的兴衰 [J]．武汉文史资料，2000（11）．

②　政协武汉市委员会文史学习委员会．武汉文史资料文库（工商经济）[M]．武汉：武汉出版社，1989.

用更加重要。

在现存汉口山陕会馆匾额资料中，可以看到，捐赠匾额的山西商号众多，仅榆次车辋村常家署名的商号就有大昌玉、大德玉、大泉玉、三德玉、保和玉、大升玉、独慎玉、泰和玉等九家商号。

二、繁荣的金融业

在清代，汉口的金融机构种类繁多，常见的有票号、当铺、钱庄、钱桌、钱店、钱铺、银号、银楼等，钱庄和票号对茶叶贸易作用最大。

汉口钱庄林立，尤其是前文提到的发行钱票，对当地的商业影响广大。汉口钱庄的一大特点就是一般不设立分庄，还有商号兼营钱庄的。

一般认为，在道光年间，汉口的钱庄已经发展为独立的行业，到光绪初年，已经出现了较大规模的钱庄。

这里的钱庄早期业务主要是货币兑换，钱庄呈现出单一的货币兑换机构特点。之所以这样，是因为当时流通的货币种类繁多。清代的汉口，流通的货币有白银、铜钱、官票、铜元、银元等多种。复杂的货币体系使专营货币的兑换机构成为商业所需。

随着汉口茶叶贸易的增长，钱庄业适应发展，开始拓展经营范围，后来就发展为商品款项收受、汇划、资金融通等多种业务并进的金融机构。

到了19世纪，汉口也成为票号业的经营重镇之一，各大票号常把这里的分号作为整个长江流域的总管理处。起初是为了茶叶贸易中的资金汇兑问题，后来开始经营存贷款，大茶庄、大商号，甚至钱庄都是票号的主要目标客户。

汉口的票号以山西票号为主，经营机构都是晋商票号的分号，日常经营管理均由掌柜全责，不过总号也会及时掌握分号经营。一般来说，掌柜会通过书信，把经营情况回报给总号。

张翼云在《汉口票号撮谈》中提到："清末在汉口设有分号的票号，计：蔚泰原、蔚丰原、蔚盛长、新泰源、长盛川、百川通、三晋源、存文公、日升昌、大德通、大德恒、大德裕、天成亨、协成乾、老诚信、宝丰隆等，皆山西票帮。只有一家天顺祥是云南帮。另有一个规模较小的中兴和，号东为湖北沙市邓姓，经营管理则委托山西人。"

这些票号资金充足，除了进行汇兑业务，获得汇水（汇兑收入），还会放款给钱庄和大商号，获得放款利息收入。汉口票号的交易规模很大，影响力也很大。有资料显示，1881 年，汉口的票号已经达到 33 家。①

这些票号不仅在金融领域中大放异彩，还积极参加各种社会活动，如《汉口山陕西会馆志》记载了汉口山陕西会馆重建中票号的贡献：

表6-1 汉口山陕西会馆重建中票号的贡献

票号名称	布施银	筹捐银
蔚长厚	三百两正	四千四百三十八两六钱正
天成亨	三百两正	四千二百四十八两九钱八分
百川通	三百两正	三千四百八十一两六钱九分
日升昌	三百两正	三千二百一十两零五钱四分
蔚盛长	三百两正	三千二百零九两六钱一分
志成信	三百两正	三千三百三十四两一钱八分
新泰厚	三百两正	三千一百九十六两六钱七分
协和信	三百两正	二千八百零五两五钱九分
协同庆	三百两正	二千七百五十四两一钱三分
元丰玖	三百两正	二千六百三十四两零一钱五分
巨兴和	三百两正	二千二百二十两零八钱二分
蔚丰厚	三百两正	二千一百八十九两二钱五分
乾盛亨	三百两正	二千一百零五两九钱一分
谦吉升	三百两正	二千一百九十一两三千二分
三晋源	三百两正	二千零七十六两二钱三分
存义公	三百两正	二千零六十五两六钱正
协成乾	三百两正	一千九百四十九两六钱九分
巨兴隆	三百两正	一千五百八十八两九钱二分
合盛元	三百两正	一千三百六十七两八钱三分
汇源涌	三百两正	一千一百九十两零七钱三分
云丰泰	三百两正	六百七十四两六钱八分
兴泰魁	三百两正	七百一十六两三钱四分
松盛长	三百两正	六百零九两六钱一分
祥和贞	三百两正	四百三十九两一钱六分

---

① 武汉市政协文史协会委员会. 武汉文史资料第四辑［M］. 武汉：武汉市政协印刷，1997：64.

续表

票号名称	布施银	筹捐银
蔚隆和	三百两正	三百零一两六钱九分
大德恒	三百两正	七百零四两一钱五分
其昌德	一百五十两正	六百三十四两零一分
中兴和	四十九两二钱五分	二百八十九两四钱二分
大德玉	三百两正	四千三百九十二两三钱二分
大德兴	三百两正	一千二百二十八两六钱二分①

第二节　万里茶路东口：张家口

一、中俄贸易中备受关注的张家口

张家口市有 500 多年历史，据古籍记载："张家口堡，明宣德四年（1429年）筑……明季为互市之所。"也就是说，明朝时候，张家口就是北方商业活动频繁的城市。

1727 年中俄《恰克图条约》签订，恰克图建立互市，在此后的很长一段时间里，特殊的地理位置及特定的政策规定使张家口成为晋商万里茶路通往俄国恰克图互市的必经之地。张家口在中俄贸易中起着非常重要的作用。

万里茶路的开辟和发展，使张家口的经济达到一个繁荣的鼎盛。茶叶贸易使这座城市成为北方繁荣的商业重镇。

清朝人秦武域在《闻见瓣香录》记载："张家口为上谷要地，即古长城为关，关上旧有台市，为南北交易之所，凡内地之牛马驼羊多取给于此。贾多山右人，率出口以茶布兑换而归。又有直往恰克图地方交易者，货物多紫貂、猞狲、银针、海貂、海骝、银鼠、灰鼠诸皮以及哈喇明镜、阿敦绸等物。"②

而且，张家口成为万里茶路一个重要枢纽，还有俄国方面的推动。俄国商

---

① 《汉口山陕西会馆志》卷上。
② 秦武域：《闻见瓣香录》，甲卷《张家口》。

人一直想要进入中国内陆贸易，而不是仅仅满足于只在恰克图一地的边境贸易，张家口因其特殊的地理位置而被俄国人关注着。

1860 年 11 月签订的中俄《北京续增条约》第 5 条规定："俄国商人，除在恰克图贸易外，其由恰克图照旧到京，经过之库伦、张家口地方，如有零星货物，亦准行销。"1861 年，俄国公使又提出"张家口设立行栈"。①

俄国为了在张家口经商的利益，多次和中国政府谈判。甚至希望在张家口设立商埠取代恰克图，从而深入中国内陆贸易。恭亲王奕訢在奏折中分析："故从前张家口赴恰克图华商，颇获利益。自与俄国议立陆路通商章程以来，俄人自行由津贩运土货，赴恰克图贸易。华商利为所夺，大半歇业。缘俄商贩茶回国，止纳正税一项……华商厘税既重，获利无多，是以生计日穷，渐行萧索……俄国于张家口任意通商一节，仍复时来饶舌。揣其处心积虑，不徒以蒙古为利薮，希图垄断，更恐以边界为奇货，暗恃狡谋。蒙古部落，既弱且贫，无能为役，而中原又值多事，未可别启衅端……唯有将恰克图商务设法经理，鼓励西、北两路商民，同往贸易，以分俄商之利。将来恰克图百货云集，日见兴盛，则商家口通商之议，或可不即来争，似亦釜底抽薪之一策。"事实上，清政府一直对俄国人野心有所防备："如张家口开设行栈，势必屯聚货物，麇集多人，隐患须防，不可不慎。"②

毕竟张家口地理位置特殊，离京城很近，可谓前望京都，后控沙漠，不能随意允许外国人自由出入。一直到 1881 年《圣彼得堡条约》③签订，双方关于张家口是否开埠的争议才算基本结束。俄国方面取得了在张家口设立行栈的权利，但最终未能设立领事馆，也没能如俄国方面所期待的那样，成为如同其他通商口岸般开放度很高的商埠。

二、茶叶贸易催生的物流中心

在俄国恰克图的经商多半要在张家口设立经营机构。乾隆年间，方观承奏折中称，查赴恰克图库伦贸易商民，多在张家口设有铺房。其中资本较厚者 60 余家，依附于票商的散商约有 80 余家。塞外运来的皮毛等货物，会先汇集到张家口，然后再运到北京及其他各地出售。万里茶路经营期间，张家口贸易的主

---

① 王铁崖．中外旧约章汇编（第一册）[M]．上海：三联书店，1957：150．
② 宝鋆等：《筹办夷务始末》，同治朝卷 67，第 23 页。
③ 也被称为《中俄伊犁条约》。

导者则是晋商。

清初，为内务府采买皮货的张家口八大商家全部来自山西，当时的地方志记载："八家商人者，皆山右（山西）人，明末时以贸易来张家口。……自本朝龙兴辽左，遣人来口市易，皆此八家主之。定鼎后，承召入都，宴便殿，蒙赐上方服馔。自是每年办进皮张，交内务府广储司。"①

另外，张家口常年聚集着一些旅蒙商人，这些商人对中俄贸易推进起着积极的作用。有些旅蒙商人后来发展为中俄茶叶贸易的主力军，同时经营对蒙古和俄罗斯的茶叶生意。很多此类商号都是把总号设在张家口，而分号设立在恰克图、库伦等地。

在张家口这个万里茶路枢纽城市，有很多晋商的商号，尤其茶叶经营者表现活跃。甚至当地人把山西茶商还进一步细化，称为"祁帮""榆帮"等。

祁帮是指祁县的茶庄业，榆帮是指榆次县茶庄业。祁帮茶庄主要有：永巨祥、兴隆茂、长圣川、聚圣川、大昌川几家。这几家茶庄的自有资金 10 万~20 万元（银元），每家从业者大约 100 人。榆帮茶庄业主要有以下几家：大合诚、大勇玉、聚兴顺、义兴茶庄、瑞兴茶庄，其中义兴茶庄的自有资金规模最大，在 40 万元左右。②

在张家口的山西茶商影响力很大，有的商人不仅深入产茶区购买茶叶，还在茶区拥有茶山，茶叶贸易鼎盛之时，张家口的茶商在福建武夷山有 30 多座茶山。③

巨额的茶叶贸易也促进了当地的物流发展，张家口作为万里茶路的重要城市，俨然成为当时的物流中心。在这里常年有各种车队、驼队经过。

除了传统的车马行，张家口还出现了一批养牛和骆驼的大户，最大的养牛车户有千头牛，700 多辆车。④

以驼队运输为例，茶路上的驼队十分壮观，通常大的商队有骆驼 200~330 峰，每峰能驮四箱茶叶，每箱价值大约 600 镑。⑤

万里茶路上经营最久的常家就是以张家口为据点，几代人在茶路上奋斗，在张家口创立"十大德"商号。《常氏家乘》记载："吾常氏起家于商，凡高、

---

① 左承业：《万全县志》第 4 册，卷 50，乾隆十年刻本。
② 中国民主建国会河北省委员会、河北省工商业联合会：《河北工商史料》第一辑，第 158 页。
③ 李志强：《昔日张垣茶商》，载《张家口文史资料》第 1~3 辑合订本，第 178 页。
④ 李志强：《昔日张垣茶商》，载《张家口文史资料》第 1~3 辑合订本，第 180 页。
⑤ 威廉·乌克斯．茶叶全书（下册）［M］．上海：东方出版社，2011：54.

曾（祖）之所策划，子孙之所衣食，皆在张家口城……"

当时来到中国的西方人也注意到了张家口的繁荣："张家口本地贸易很少，主要由于它是西伯利亚大部分地区和俄国对华贸易的锁镇而闻名。……张家口人口的聚集，其原因在此。像张家口这种极为活跃的商业往来，甚至在中国本部也是罕见的。街上挤满了人、大车、骆驼、马匹和骡子。因为有着据说是数万的流动人口，故这里经常进行着无数小额的物物交换、交易、行装配备和粮食供应。……张家口是南北货运的转运终点。……这里有大量的经纪业务。从张家口往北的商业大道中，往恰克图去的道路最为热闹。在通往晋北的大路上，我几乎每天都遇见伴随着经张家口赴恰克图的长列砖茶驼运队的华商，用俄国话向我打招呼。"①

清代学者章学诚在《章氏遗书》中描述了乾隆时期汉口市场的商品种类及其贩运地，充分体现了当时汉口的繁华：

贸化之贾比廛而居，转输搬运，肩相摩踵相望者。五都之市，震心炫目，四海九州之物，不踵而走。殊形异物，来自远方者，旁溢露积，至于汉镇而繁盛极矣。盐，上梁盐、晒盘黑盐来自淮安。谷，包谷、大小麦、小米、黄豆、绿豆、红豆、黑豆、饭豆、芝麻，来自四川、陕西、湖南，及本境襄阳、郧阳、德安诸府。海错、燕窝、海参、鱼翅、蛏干、鲍鱼、鲞鱼、时虾、青螺；山珍，香蕈、蘑菇、笋、木耳、石耳；果，龙眼、荔枝、橄榄、南枣、松子、核桃、落花生；饧，冰糖、洋糖、结白糖，来自广东、福建。胡椒、苏木、乌木、沉香，来自外洋。茶，六安、武夷、松萝、珠兰、云雾、毛尖，远来自福建、徽州、六安州，近出于通山、崇阳。酒，金橘、佛手、女贞、百益、竹叶青、状元红、桂花烧、煤溜、柴酒，多本地窖造；木瓜、惠泉、若露、百花橘酒，来自江南；绍兴来自浙江；汾酒来自山西。牛豕、山羊、绵羊，来自河南。桐油、白蜡，来自辰州。青油、木油，来自山西、陕西。药，天南星、半夏，则出荆州；苍术，则出京山；桔梗，则出黄陂、孝感；玉竹、五加皮，则出兴国；艾，出蕲州，其他来自江西、云贵、山陕；而车前子、金银花、益母草、何首乌之类，又所在俱产，非尽来自他郡；参，来自关东。布，徽布、楚布；布色，毛蓝、京青、洋青、墨青；布纹，斗纹、纸布、假高丽布，来自苏州、松江；小布，来自黄陂、孝感、沔阳、青巴、河青、监利。梭，则以其他著名。葛，来自祁阳，通城亦有之。夏布，来自湖南浏阳、江西宜黄。纱，邓纱。罗，秋罗、

---

① F. von Richthofen: Letters from Baron Richthofen, P. 13.

哆罗。麻，细宁。紬，宫紬、徐绫、庄绫、汴绫、沈紬、纺紬、绵绉、湖绉、
大绢、丝布、绵紬、茧紬。缎，贡缎、洋缎、羽毛缎、广缎。又有大呢、哔叽、
纱羽。绉，花样，洋莲、拱璧、穿莲、八宝、百蝶、玉堂、富贵。制造朝衣、
蟒袍、补褂、霞帔、摆带、荷包、杭州、湖州、汴梁。绢布，则出荆州。皮，
青狐、海狐、海龙、吉祥豹、乌云豹、紫貂、天马、银鼠、黑白羊皮、绒毡、
栽毛氆氇，来自陕西、口外。纸，绢笺、松笺，来自杭州、松江；竹连纸、切
边纸、表青纸、来自湖南；油纸、银皮纸，来自谷城、白河；金榜纸、卷连纸、
改连纸，来自兴国。书贾多出江城，而福建、江宁、苏州，来者无多，故古籍
罕见。笔、砚，来自湖州、徽州。铜、白铜、黄铜、红铜、点铜、锡、铁，来
自云贵、四川。硃沙、银硃，来自辰州。木，柏、楩、楠、杉，来自贵州。小
杉，来自长宁。小溪木、中溪木，来自浏阳。松，来自益阳、通州。花纹竹板，
来自四州建州。竹，大者来自湖南。小金竹、乌啼竹，来自兴国。炭，来自四
川。煤枯，来自湖南。石膏，产于应城。充街填巷，云委山积。他如金银、珠
玉、水晶、玛瑙、蜜蜡、翡翠、珊瑚、青金石、碧霞洗、古窑器、新磁，以及
朝珠、念珠、手串、斋戒牌、如意盒、香囊，无及鳞集。菸草，自明末福建人
剥治以火燃之，用管吸其烟气，至今人竞效之，遂为使用需。其名有奇品、白
丝、金秋、切丝、白片、杂拌、油丝、头黄、二黄，多福建及江南泾县人制造。
湖南来者曰衡菸，山东来者曰济宁菸，甘肃来者曰水菸。菸管有水旱二种，皆
穷极工丽，又自海外来者，曰鼻菸。闽广人以玻璃为瓶，馈赠极为珍重。贵人
以珠玉，金宝为小壶盛之，出入掌握间，吸之以鼻。又如桃李、樱桃、黄梅、
枇杷、林禽、苹果、梨、栗、胡桃、枣、柿、石榴、葡萄、佛手、柑橘、山药、
慈菇、冬笋、菜菔子，或土产，或外来，亦惟汉镇所聚为多。鲟、鲤、鳇、鮰、
时鱼亦惟汉镇沿江所产，种类多备。上自桥口，下自接官厅，计一十五里，五
方之人杂居，竈突重沓，嘈杂喧呶之声，夜分未靖。其外滨江，舳舻相引数十
里，帆樯林立，舟中为市。盖十府一州商贾所需于外部之物，无不取给于汉镇。
而外部所需于湖北者，如山陕需武昌之茶，苏湖仰荆襄之米。桐油、墨烟，下
资江浙。杉木、烟叶，远行北直，亦皆于此取给焉。①

三、金融重镇

　　茶叶贸易的兴盛导致商品货币经济也变得非常活跃。这里的资金需求也在

---

① 章学诚.章氏遗书（卷二四）[M].北京：文物出版社，1982.

急速上升，于是张家口金融机构的数量也在大量增加。这种繁荣的状态一直持续到民国时期，由于商业发展的需求，票号、钱庄等各类金融机构汇聚张家口，最多的时候约 100 家。

　　而且，这个城市还是万里茶路的重要线路——张库大道的起点，张家口的金融发展有效地推动了整个张库大道的资金运转。钱庄、票号、账局、银号等金融机构支撑着这条运茶通道的资金命脉，成为万里茶路商业活动的重要组成部分。

　　当时张家口的民谣也反映了这里金融市场的活跃和金融投资的利润丰厚："钱鬼子，皮贩子，赚钱发财一串子。"意思是，茶叶贸易使皮货商人和金融家们获得了巨大的利润。

　　《察哈尔通志》中有这样的记载："民国十二年（1923 年）以前张家口的票号、钱庄……都由山西人经办，并且全部由山西人一手控制和操纵。"

　　张家口甚至有金融街，棋盘街、鼓楼东街一带金融机构聚集，也是当时的盛景。

　　能够找到旧址的部分金融机构如下①：

　　鼓楼东街 3 号，祥发永账局，经理为山西汾阳人王庭荣，此人还开办了祥发永茶庄，做对俄茶叶贸易。

　　鼓楼东街 2 号，永瑞银号，经理为山西榆次人。

　　鼓楼东街 4 号，豫新银号，经理人山西祁县人王明府。

　　鼓楼东街 5 号，福信成银号。

　　鼓楼东街 8 号，宏盛票号，股东为大盛魁。

　　鼓楼西街 5 号，中国交通银行，负责人山西文水人梁兆祥。

　　棋盘街 1 号，裕源生钱庄，山西榆次人开设。

　　棋盘街 2 号，此处开设过欲源永钱庄、复兴成银号、汇通银号。

　　棋盘街 4 号，大清银行、中国银行张家口分行。

　　棋盘街 7 号，裕庆源银号，山西文水人王毕义设立。

　　五道庙巷 5 号，大川裕钱庄。

　　锦泉兴巷 2 号，恒北银号，主要是山西阳曲人郭玉珍投资设立。

　　锦泉兴巷 4 号，锦泉兴票号，山西太谷曹家设立。

---

①　中国人民政治协商会议河北张家口市委员会文史资料研究委员会 . 《张家口文史（第十五辑）》[M] . 张家口：张家口日报社，2017：339-347.

— 139 —

东门大街 11 号，兴吉票号，经理是祁县人①。

东门大街 23 号，华俄道胜银行。

东门大街 44 号，聚兴银号。

二道巷 1 号，大德成钱庄、晋泉源银号。大德成是山西祁县乔家设立。

二道巷 19 号，宏茂票号，山西祁县乔家设立，另外还有"大德通"票号也是乔家设立。

奶奶庙后街 17 号，瑞通票号。

上堡西山底 17 号，日升昌票号。

太谷的曹家，也是有名的晋商，在张家口设立了"锦泰亨票号"，为了方便对外茶叶贸易发展，曹家还在莫斯科、库伦、伊尔库茨克等地设立了"锦泰亨分庄"（即分号）。② 平遥帮还在张家口设立了"百川通"票号。

张家口的发展和晋商的经营联系非常紧密，上堡的日升昌巷，就是日升昌票号建起的；下堡的锦泉兴巷，是锦泉兴钱庄所建。

第三节　归化城：草原上的金融中枢

一、商业中心

归化城就是今天的内蒙古首府呼和浩特的旧城，归化城是整个大北路的物资集散中心，也是清代旅蒙商人的大本营。

归化城拥有着交通便利优势，北边是阴山，越过阴山可到漠北蒙古、俄罗斯等地；西南临黄河，向南与中原相接；向西到宁夏、甘肃、西藏和新疆等地；向东经过乌兰察布各盟可到东北。

清朝时期，归化城（今呼和浩特）作为万里茶路的北方重要城市，会聚了茶庄、票庄钱铺等多个行业，商业繁荣，金融业也很繁荣。

俄国学者波兹德涅耶夫在《蒙古与蒙古人》中描述归化城："聚集着不少

---

① 左宝：《山西票号与张家口》，参见《文史月刊》2004 年第 3 期。

② 中国人民政治协商会议河北省张家口市委员会文史资料研究委员会：《张家口文史资料》第十三辑，1988 年，第 250 页。

富商的地方，他们在这里做着高达百万的巨额生意，卖出十万多箱茶叶……"可见，当时归化城的商业规模和资金流量之大。①

大盛魁是归化最大的茶叶贸易商，在科布多、库伦、张家口、乌里雅苏台、多伦、恰克图都有分号，同蒙古地区贸易额每年都有 900 万~1000 万两巨额贸易，每年有 1500 峰骆驼往于归化城和乌里雅苏台之间；元盛德商号年贸易额800 万两，有骆驼 900 峰；天义德商号年贸易额 700 万两，有骆驼 900 峰。其他一些小商号，贸易额多则 500 万~600 万两，少则 10 万~25 万两，即使是规模小的商号，也会养 150~200 峰骆驼。②

蒙古草原的牧民们对茶叶的需求不比汉人少，《明史·食货志》记载："番人嗜乳酪，不得茶，则困以病。"草原人民以肉食、乳酪为主，高寒地区，难种蔬菜。当时，逐水草而居的游牧民族习性，也让他们无法专门种菜。饮茶使他们能够缓解饮食单一带来的问题，有助于保持健康。茶叶对蒙古人的意义，就如同盐对汉人的意义一样。但是蒙古又不长茶树，所以晋商在草原的茶叶贸易对蒙古人来说，是非常重要的。

茶叶贸易不仅带动了运输业的繁荣，还促进了很多周边产业发展。例如，泡茶需要茶壶，当地流行红铜茶壶，在归化城里有一个大兴盛铜铺，雇用工人30 多名，每年要供大盛魁 1500 个茶壶。③

康熙年间，清军征服噶尔丹后，内地通往蒙古草原的商路进一步顺畅。康熙皇帝于公元 1701 年巡行塞外，来到归化城，敕令当地官员，招商北来。此前做蒙汉生意的山西商人的经营地就从杀虎口、右卫等地向前又推进一步，不少人在归化城当起了坐地商。

《绥远通志稿》记载，雍正、乾隆年间，归化城的商业开始发达。

很多山西商人常年驻扎在归化城，进行商业活动。例如，大盛魁、天义德、元盛德合称为归化城"三大号"，而最著名的晋商旅蒙商号大盛魁更是被称为"半个归化城"。

清代后期，大盛魁每年运到外蒙地区大量货物，仅砖茶每年就有 3 万箱（每箱约 100 斤）左右，每年从外蒙赶回来的羊群有上百万只④。

---

① 波兹德涅耶夫. 蒙古与蒙古人（第二卷）［M］. 呼和浩特：内蒙古人民出版社，1983：103-104.

② 袁森坡. 论清代前期的北疆贸易［J］. 中国经济史研究，1990（2）：38.

③ 葛贤慧. 商路漫漫五百年［M］. 太原：山西经济出版社，2005：65.

④ 孙丽萍. 人物·晋商. 口述史研究［M］. 太原：山西人民出版社，2011：257.

清代归化城里，除了茶叶贸易，还集中了大量的皮毛、药材、茶叶等货物，商业繁荣，金融业的业务和利润也非常巨大。归化城出入境货物如表 6-2 和表 6-3 所示。

表 6-2　归化城出境货物一览

货物名称	销往地区
甘草	南省皆用之
胡油	运往山西及陕境，萨厅、包镇岁出数百万斛，半销归属，半销黄河，运售口内，由龙城黑河运至蒲、平二府等处
盐碱	由黄河运山陕、杭锦、白兰、出忙、各余等地，行销本境及关内太、汾两部
煤炭	由黄河运至山陕
绸缎	行销新疆
洋布	
大布	
烟茶	
绒毯	和林厅、丰镇厅均织此，以供商客出蒙古者，曰达毯
绒毛皮张	归化城、包头镇有洋商收买运往天津，逐年绒毛多位外洋贮存
烟酒	北运外蒙
米面	东供察哈尔、和林，并有粉面
皮帽	皮革及毛袄口袋丰镇匠艺最繁，托厅等处多制造者
皮箱	
皮靴	口外多售者
皮绳	
皮条	托厅等处皆能制造
马牛	由杀虎口运往各地
羊	以北京为多，京羊社贩羊动数十万只

资料来源：贻谷等修，高赓恩纂．归绥道志（中）[M]．呼和浩特：远方出版社，2007：673-674．

表 6-3　归化城入境货物一览

货物名称	来源
土布	凡供民间日用之物，莫不由张家口、杀虎口贸迁而来，茶市为大宗
洋布、茶叶、杂货	由江南、湖广、直隶等省级山西浑源、应州接运出口至归城

续表

货物名称	来源
砖茶	此间收买烹过茶叶重制成饼如砖，以鬻诸蒙古部落。余如武夷等茶俱自南来，非土产也。咸丰九、十两年采办补贴俄国茶三千箱
木植	由黄河运自甘肃，船路多由萨厅南海子渡东至托城河口
枸杞	产甘肃之甘凉宁夏等府属船路多有萨厅南海子渡东至托城河口
菱蓉	拉鄯乌喇特产
鹿茸	由甘肃、新疆等省级乌科库蒙旋来，向在张家口行销近改归化冬季闻盘
四项畜生	由外蒙古各旗来
冬干果	由新疆等处运至，瓜干来自哈密厅谓哈密瓜
黑白葡萄	两种来自伊犁、青海等处
棉、烟、稻米、麦豆	多由陕甘船运至萨厅之南海子渡口
滩羊皮	自西宁来者，谓之滩皮。点名宰羔皮。包镇岁出三四万张，大同收买者多
天马	沙狐产西藏者曰天马腹兴膝毛如雪，包镇岁售千张
麤羊	北海翠山多有，外蒙古来
猞狸孙	有名马猞狸者点自外蒙古来，多位洋行客购去
甘草	由甘肃运入托城等处
白米	
白麻	

资料来源：贻谷等修，高赓恩纂．归绥道志（中）［M］．呼和浩特：远方出版社，2007：674-675.

二、金融业繁荣

（一）归化城的金融机构种类

在所有行业中，金融业发展得最繁荣，这一点可以从宣统年间的一次捐款看出。当时，归化城的各行业商人为雁门关捐款修路，金融行业捐款最多。

日本方面对清末归化城的金融机构进行过调查，当地有票号、钱铺、银号、当铺等多种金融机构。具体来看，票号有大德玉、大盛川等 12 家，钱铺有大成兴、瑞生庆等 29 家，银号有兴盛号等九家，当铺有天盛当、谦和当等。[①] 这些金融机构基本都是山西商人设立的。

① 《支那省别全志》第 17 卷，山西省，第 741、746、885-887 页。

例如，大盛魁的裕盛厚钱庄，本银2万两，通盛远银号，本银4万银元。此外，大盛魁还有票号大盛川，也是负有盛名。

从晋商故里来考察，在光绪末年，归化的银钱业主要由祁太帮、忻州帮、大同帮、代州帮等。

祁太帮开设的钱铺有：东义源、协会庆、法中庸、谦益永、谦恒永、谦益恒、义成德、德泰和、隆盛厚、瑞盛庆、永和号、复泉茂、万昌涌、隆昌旺、大德生、达泉、蔚隆泰、天亨玉等。

忻州帮开设的钱铺有：泰和昌、聚义龙、天生德、德顺和、晋义通、丰盛隆、双盛成、德和长、乾元通。

代州帮开设的钱铺有：大成兴、恒生昌、恒升昌、恒吉昌、恒玉昌、德生昌、谦益永。

大同帮开设的钱铺有：元亨泰、义泰祥、双兴厚。

榆次常家开设的钱铺有：大丰玉、大厚玉等。

道光初年，山西商人开办票号，进行汇兑。归化城中的票号主要是祁太帮、榆次常家、大盛魁开设的。

祁太帮设立的票号有：大德通、大德恒、合盛元、崇义公、瑞生润等。

榆次常家的票号有：大德玉、大生玉等。

大盛魁投资的票号为大盛川。

账局又名账庄，是晋商办理借贷业务的信用机构。当时归化的账局有祁太帮设立的中兴永、大盛魁的天顺昌以及法中庸设立的法如春。

另外，还有银号，也叫银炉。知名的银号有万福兴、瑞兴茂、永舟号、永盛号等。①

（二）金融机构业务

在归化城，钱铺的数量最多，势力最大。这里的钱铺做存放款业务，按期限长度收付利息。利息的分类有日息、月息和满加等区别。当时存款在一个月以上者，都叫"满加"。

归化城的票号不参加宝丰社，以办理汇兑业务为主，也兼营存款、放款和平色业务，收入来源为汇水、放款利息和平色收入。

这里的账局叫作"账庄"，专门经营借贷。该机构不参加宝丰社，一般只

---

① 贾汉卿.归化城金融史话（内蒙古文史资料第十八辑）[M].呼和浩特：内蒙古人民出版社，1985.

与贷款客户来往。放款利率一般在四五厘。

凡流通白银的地方就要有银号，银号也叫银炉。归化城的银号进行白银熔铸业务，如把碎小的银子化开重新铸成银锭。直到辛亥革命后，元宝由银元代替，民间不再需要白银熔铸货币，银号就逐步衰退了。

（三）宝丰社

在归化城尤其值得称道的是，晋商创设的钱铺业行会——宝丰社。归化城的银钱业从雍正时起。[1] 乾隆中叶时，商业繁荣，银钱商为了结算方便，组织了宝丰社，宝丰社的资金清算和行业管理职能，让它有了一些中央银行的特色。

第四节　其他金融重镇

一、太谷

山西太谷有旱码头之称，这里经常聚集着来自各地的茶商。尤其是标期业务的发展，使太谷成为茶路上的金融、商贸中心。

标期是因万里茶路经营而产生出来的一种信用方式，在山西，"太谷标"最有影响力，涉及晋中各县的商户，还有和这些商户有往来的省外商户。当年，每逢标期，商人云集太谷，如同节日一般。

卫聚贤在《山西票号史》中记载："太谷县在当时占大势力，……故独为一标，且各路运汇来之现银，先集中于太谷，办收交，开利率，悉以太谷为先、为准。"可见，太谷的信用业务何其发达。

晋祠人刘大鹏在光绪二十一年的日记里描述当年太谷冬标的情形："太谷一邑，富甲于晋，为吾省荟萃银钱之区。今寓此，见街市之中，商旅往来，肩扛元宝，手握朱提，如水之流，滔滔不断。询之市人，何以负银者多也，市人云本月二十五日为冬标日期，今日周标起首，共周三日，标至二十五日即无事。所谓标者，生意家交还借贷银两也。"太谷一些老年长者在提到太谷标期的盛况

---

① 政协内蒙古文史资料研究委员会. 内蒙古文史资料第十八辑［M］. 呼和浩特：内蒙古人民出版社，1985：159-161.

时说："故标期之日，票号之内，到处堆满金银元宝，有目睹者谓，两三天都无可睡之炕，过标之时，商家还要邀班唱戏，公演三天，商民人等，像过节一样，热闹非凡。"①

太谷因为标期，成为一个金融借贷业务的繁荣之地。每逢标期到来，不仅仅是各地商人运现银而来，还有各地商人带来的多种货物。有人结算，有人赶集，热闹非凡。

除了标期业务的繁荣，太谷的银炉也远近闻名。

我们知道，清代的本位币是白银，白银是称量货币，而且白银成色不同，价值不同。

卫聚贤《山西票号史》中说："省库所收之银，其元宝上有太谷县孟家银炉所印的'孟合'二字，即当作十足银使用，而不化验。可知，太谷县在当时经济势力之大。"

当时，太谷银炉多集中在城中心鼓楼周围，工匠熔铸白银时，会将银水倒入特质铁模中，这些铁模一般有五两、十两、五十两等标准。五十两的银锭就是我们常说的元宝，一般要加盖生产地的钢印。太谷的元宝成色能达到998，据说达不到这个标准，就不能加盖钢印。太谷元宝的"谷钱平"在全国都很有名。

太谷商业、金融的繁盛，全国闻名，光绪年间，朝廷下令各省成立商会时，当时的山西巡抚就邀请太谷富商曹家族长组织山西商会，于是山西商会总会就设在了太谷。足见当时太谷发展之盛及在商界的地位。

二、茶路中转站：赊店

赊店镇开埠于明朝万历年间，到清代乾隆、嘉庆年间达到发展的鼎盛。赊店又名赊旗店或赊旗镇，赊店镇隶属于河南省南阳市社旗县。

明清时期，这里是重要的商业活动地区，被誉为"南船北马、总集百货"的"豫南巨镇"。赊店拥有得天独厚的地理交通优势，有人总结为，赊店是"北走汴洛、南航襄汉、西趋川陕、东进皖浙"绝佳的水旱码头。

清朝中期，赊店人口达到13万，十多个省份的商人聚集于此，成为中州有名的经济中心。当时人说，"天下店，数赊店"。

赊店的山西商人最多，率先成立了"鼎元社"，即山陕同乡会，又建起了

---

① 赵荣达. 晋商万里茶路 [M]. 太原：山西古籍出版社，2006：123.

会馆，其他省份的商人见之跟风建起了自己的会馆。当时的赊店，商铺林立，发展形成了72条街。作为万里茶路的重要中转站，这里不只茶叶贸易兴盛，相关的茶叶也很发达，骡马店、过载行也生意兴隆。赊店的广盛镖局也被称为"华中第一镖局"。清乾隆二十一年（1756年）赊店工商行号花册见表6-4。

表6-4　清乾隆二十一年（1756年）赊店工商行号花册①

王合盛	兴泰铺	世兴辉记	隆盛铺	魁字号
杨之栋	公兴远记	二福馆	恒兴铺	元兴铺
德盛铺	通盛铺	中和公号	祥顺号	玉兴铺
义聚号	畅盛号	玉和铺	盛义铺王	李元太
信太兴号	晋兴魁号	兰玉盛	忠义店	信太号
肇兴绅铺	封兴盛记	玉泉馆	四合瓷铺	郭顺昌
协恒号	义和店	俊兴铺	元泰铺	杜广裕
天盛馆	永合铺	世发铺	益和铺	石永升
世德号	聚兴铺	玉成铺	永兴铺	苗兴隆
双益号	天兴铺	常盛号	泰兴号	兴盛店
文太铺	同春号	王盛铺	万全堂	天成铺
兴盛昌	恒大号	西盛兴铺	天和号	信广号
工兴号	和合铺	正顺魁号	永发盛	权玉铺
永发铺	全盛店	玉盛铺	宜兴铺	广德堂
信义堂	泰义行	四盛号	复盛号	永茂店
双合店	增盛明记	忠信盛	人和铺	同盛铺
泰兴铺	永义成	潘永丰	万发铺	旅　号
永义铺	偕义店	顺兴号	晋成铺	复兴铺
兴盛号	功大号	振兴号	万亨铺	顺兴馆
德盛店	瑞升店	双成铺	义和花行	义和铺
诚　号	合顺馆	唐顺号	兴盛号	和顺号
大顺铺	世兴馆	三和铺	三益窑	赵兴盛号

① 赊店历史文化研究会.中国历史文化名镇：赊店［M］.郑州：大象出版社，2005：139-141.

九兴馆	信诚店	续能顺	复兴合记	福全禄
集合局	乾盛店	万兴号	如松号	盛生馆
王盛铁铺	裕兴号	双魁店	元盛天号	王盛公铺
中合店	万顺馆	乾太局	玉盛店	永盛茂行
协丰庆	德顺号	诚意店	合盛店	万盛馆
太和铺	双合花店	广裕号	永兴铺	义兴行
双合馆	六顺店	吴盛店	万兴铺	恒兴铺
永和店	恒盛厂	通盛局	李公合	合兴店
万玉厂	裕昌铺	张盛号	永合店	仝兴号
义和店	隆兴盛号	大兴号	敬盛号	广兴店
王华阳	日杂铺	胡 风	和顺店	存盛店
正大馆	义顺铺	天禄馆	永丰粉局	在兴号
金玉铺	万兴铺	京盛铺	李元亨	恒茂森行
和兴铺	天成馆	上元馆	永盛铺	兴隆铺
玉和厂	常春堂	上官泥洼	三合号	义盛玉号
吉天佑	聚仙馆	王永兴铺	义成仁号	森茂粮行
三义堂	存义厂	盛太号	安恒兴	生发铺
德兴铺	三盛号	广隆铺	李选香	李永彩
大兴号	魏道顺	兴隆馆	隆太号	李国栋
合顺铺	合兴铺	琉璃店	合行银行	光辉馆
许文彬	永太店	昌盛厂	永升铺	梁会元
福义馆	合兴义记	西永太局	王克义	德太铺
太益店	郑生厂	三盛铺	李和合	惠成铺
天成号	刘恩德	口丹局	李茂林	许荣馥
魁盛铺	三义馆	义励铺	公玉店	义和合记
丰盛店	合盛铺	天培号	三聚铺	恒太馆
吉顺号	柴永兴	兴元馆	森茂通盛行	公兴铺
元成来	同兴馆	德隆店	义盛铺	魁元粮行
永顺号	广盛店	万发铺	孙太和	公盛铺

西万顺店	万全店	宁宜兴	三盛兴油行	茂生号
源茂店	永兴钦号	严合义	杨　乾	乔益号
肇兴行	李兴号	双盛铺	鼎兴号	吉盛号
恒昌号	双魁号	大昌发铺	魁兴油坊	靳如格
义盛馆	全信铺	杜关利	杨永安	信风号
四合木铺	集瑞铺	畅武色	丁盛充号	聚兴油坊
柴正兴	恒成铺	聚盛号	许辅世	赵兴隆
通益铺	成顺衣铺	恒盛铺	王发文	兴成铺
许如林	靳合信	景顺号	广聚堂	涌泉油坊
德永铺	晋太油坊	杨子需	孟兴财	李　律
王全银	全兴茂	魁兴铺	通顺馆	姚富通
吉长法	公益行	直生铺	黄发铺	义兴店
统盛庆行	许如国	毛保兴	北三盛店	东乾成厂
永福店	同兴油坊	马永杏花行	潘　局	广和堂
戴盛店	晋和店	中和货铺	曹魁盛	益太号
栈兴厂	永安号	柴全法	贾元准	庆丰太
祥和铺	刘双兴	胡永胜	鸽车铺	晋源号
东万顺号	畅永安	益太号	张　记	靳玉盛
祥升号	福顺号	王成义	修顺铺	启太醋坊
九盛号	信兴皮袄铺	兴盛店	石太醋坊	赵　砦
天成铺	张玉智	尚文租	相　玺	吉耀焕
魏大贵	东三胜粉坊	程可万	老光济	全盛醋坊
宁尚厚	关德兴	普济堂	靳　芙	公太号
张　敦	德义铺	王太元	恒义顺亭号	顺兴号
双成碗铺	兴顺馆	集合馆	奉公号	三太席铺
太兴馆	李福盛	张白茫	协聚馆	洪灰罗厂
陈世林	宁利盛	晋魁号	德顺枣行	赵永和
王永太	王连太铺	周有董	三合店	赵爱民
王道明	郭天顺	洪顺铺	公顺皮袄铺	盛炮坊

赵吉饶	双生席铺	王 文	祥太号	刘万贵
乔富五	通兴盛	杨九贵	许万顺	信诚号
兴发号	丰太张坊	程万忠	刘万盛	全增店
贾晋武	丰裕醋坊	李效好	—	—

晋商在赊店设立了钱庄、票号等金融机构。"蔚盛长"票号的主要财东是介休侯家和平遥王家，该票号把中原第一家分号就设在了赊店，办理汇兑业务，方便商家结算。"蔚盛厚"钱庄开出的银票可以在全国十多个省份使用。

总之，中俄万里茶路的兴起和发展，使茶路上这些重要城镇获得了金融重镇的地位，地方商业的发展推进了金融创新，促成了金融机构功能的扩大。金融市场发展也为茶叶贸易提供了便利，促进了万里茶路的繁荣。从历史上看，茶叶贸易、金融发展、城镇发展是相辅相成的。

附　录

附录1　1857年《俄国的对华贸易》

在帕麦斯顿勋爵和路易·拿破仑采用武力来扩展的对华贸易和往来方面，俄国所处的地位显然令人极为羡慕。的确，非常可能，从目前同中国人发生的冲突中，俄国不要花费一文钱、出动一兵一卒，而能比任何一个参战国得到更多的好处。

俄国同中华帝国的关系是很特殊的。当英国人和我们连跟两广总督直接进行联系的特权都得不到的时候——至于法国人，他们参加目前的军事行动，完全是客串性质的，因为他们实际上没有同中国进行贸易——俄国人却享有在北京派驻使节的优先权。固然，据说这种优先权是由俄国人付出屈尊容忍的代价换来的：它只有算作中华帝国的一个朝贡藩属才得厕身于天朝的朝廷。但这毕竟使俄国外交在中国，也像在欧洲一样，有可能产生一种绝不仅限于外交事务的影响。

既然俄国人没有同中国进行海上贸易，他们从来就和有关这个问题的纠纷没有利害关系，过去和现在都从来没有卷入这种纠纷；因此，中国人的反感也就没有扩展到俄国人身上，中国人自古以来就对从海上侵入他们国家的一切外国人抱着反感，而且不是毫无根据地把他们同那些大概经常出没中国沿海的海盗或冒险家相提并论。不过，俄国人自己独享内地陆路贸易，成了他们没有可能参加海上贸易的一种补偿，看来，在内地陆路贸易中，他们是不会有竞争者的。这种由1768年叶卡特林娜二世治时期订立的条约规定下来的贸易，是以恰克图作为主要的（如果不是唯一的）活动中心，恰克图位于西伯利亚南部和中国的鞑靼交界处、在流入贝加尔湖的一条河上、在伊尔库茨克城以南离城约100 英里。这种在一年一度的集市上进行的贸易，由十二个中间人经管，其中六个是俄国人，六个是中国人；他们在恰克图会商，由于贸易完全是以货易货，还要决定双方所应提供交换的商品比例。中国人方面提供的主要商品是茶叶，俄国人方面提供的是棉织品和毛织品。近几年来，这种贸易似乎有很大的增长。十年或十二年以前，在恰克图卖给俄国人的茶叶，平均每年不超过 4 万箱；但在 1852 年却达 175000 箱，其中大部分是上等货，即在大陆消费者中间享有盛誉的所谓商队茶，不同于由海上进口的次等货。中国人卖出的其他商品是少量的糖、棉花、生丝和丝织品，不过这一切数量都很有限。俄国人则付出数量大致相等的棉织品和毛织品，再加上少量的俄国皮革，精致的金属制品，毛皮甚至鸦片。买卖货物的总价值（按照所公布的账目来看，货物定价都不高）竟达 1500 万美元以上的巨额。1853 年，由于中国内部不安定以及产茶省区的通路为起义部队所占领，起义者抢劫敌人的商队，所以运往恰克图的茶叶数量就减少到 5 万箱，那一年的全部贸易额只有 600 万美元左右。但是在随后的两年内，这种贸易又恢复了，运往恰克图供应 1855 年集市的茶叶不下 112000 箱。

由于这种贸易的增长，位于俄国境内的恰克图就由一个普通的要塞和集市地点发展成一个相当大的城市了。它变成了这一带边区的首府，荣幸地驻上了一位军事司令官和一位民政官。同时，恰克图和距离它约 900 英里的北京之间，最近建立了直接的、定期的邮政交通来传递公文。

很显然，如果同中国的海上贸易由于现在发生的军事行动而停止了，欧洲就只能从这条商路得到茶叶的供应。实际上，有人认为，即使海上贸易将重新开放，俄国完成了它的铁路网建设以后，也会在供应欧洲市场茶叶方面成为海运国家的一个强有力的竞争者。这些铁路将直接沟通喀琅施塔得和里巴瓦两港同位于俄国中部的古城——下新城（在恰克图经商的商人居住地）之间的交通。欧洲将经由这条陆路得到茶叶的供应，这要比利用我们所设计的太平洋铁路来达到这一目的有更大的可能。中国的另一宗主要出口物丝，由于它的体积远远小于它的价值，由陆路运输也是完全可能的；同时，同中国的这种贸易也为俄国的制造品打开了在别处找不到的销路。

然而，可以看出，俄国的努力绝不只限于发展这种陆路贸易。它占领当今中国统治王朝的故乡——黑龙江两岸的地方，才只有几年的时间。它在这方面的努力，在上次战争期间曾经一度中断，但是，无疑地，它将来会大力恢复这种努力的。俄国占领了千岛群岛和与其毗邻的堪察加沿岸。它在这一带海面上已经拥有一个舰队，它无疑会利用任何有利的机会来设法参加同中国的海上贸易。不过，这与扩张已经为它垄断的陆路贸易比较起来，还是次要的。

附注

卡尔·马克思写于 1857 年 3 月 18 日左右，作为社论载 1857 年 4 月 7 日《纽约每日论坛报》第 4981 号。

附录 2　1689 年中俄《尼布楚条约》（汉译满文本）

大圣皇帝钦差分界大臣、议政大臣、领侍卫内大臣索额图，内大臣都统一等公国舅佟国纲，都统郎谈，都统班达尔善，镇守黑龙江等处将军萨布素，护军统领玛喇，理藩院侍郎温达，会同俄罗斯察罕汗使臣俄昆尼等，在尼布楚地方会议得：

第一条　将自北流入黑龙江之绰尔纳即乌鲁木河附近之格尔毕齐河为界，沿此河口之大兴安岭至海，凡岭阳流入黑龙江之河道，悉属中国，其岭阴河溪，悉属俄罗斯。惟乌第河以南，兴安岭以北，中间所有地方河道，暂行存放，俟各还国察明后，或遣使，或行文，再行定议。

第二条　将流入黑龙江之额尔古纳河为界，南岸属中国，北岸属俄罗斯。其南岸墨勒克河口现存俄罗斯庐舍，著徙于北岸。

第三条　雅克萨地方俄罗斯所筑城垣，尽行拆毁，居民诸物，悉行撤回察罕汗处。

第四条　已定疆界，两国猎户不得越过。如有一二宵小，私行越境打牲偷窃者，拿送该管官，分别轻重治罪。此外十人或十五人合伙执杖杀人劫物者，务必奏闻，即行正法。其一二人误犯者，两国照常和好，不得擅动征伐。

第五条　除从前一切旧事不议外，中国现有之俄罗斯人，及俄罗斯国现有中国之人，免其互相索还，著即存留。

第六条　两国既永远和好，嗣后往来行旅，如有路票，听其交易。

第七条　自会盟日起，逋逃者不得收纳，拿获送还。

第八条　两国大臣相会，议定永远和好之处，奉行不得违误。

附录3 1727年中俄《恰克图界约》

雍正五年九月初七日，理藩院尚书图礼善，会同俄官伊立礼在恰克图议定界约十一条。尚书图礼善会同俄国哈屯汗所差俄使伊立礼，议定两国在尼布朝所定永坚和好之道。

第一条 自议定之日起，两国各自严管所属之人。

第二条 嗣后逃犯，两边皆不容隐，必须严行查拏，各自送交驻扎疆界之人。

第三条 中国大臣会同俄国所遣使臣所定两国边界在恰克图河溪之俄国卡伦房屋，在鄂尔怀图山顶之中国卡伦鄂博，此卡伦房屋鄂博适中平分，设立鄂博，作为两国贸易疆界地方后，两边疆界立定，遣喀密萨尔等前往。自此地起，东顺至布尔古特依山梁，至奇兰卡伦。奇兰卡伦、齐克太、阿鲁奇都喀，阿鲁哈当苏，此四卡伦鄂博，以一段楚库河为界；由阿鲁哈当苏至额波尔哈当苏卡伦鄂博，由额波尔哈当苏至察罕鄂拉蒙古卡伦鄂博，俄国所属之人所占之地，中国蒙古卡伦鄂博，将在此两边中间空地，照分恰克图地方，划开平分。俄罗斯所属之人所占地方附近如有山、台干、河，以山、台干、河为界；蒙古卡伦鄂博附近如有山、台干、河，以山、台干、河为界；无山、河空旷之地，从中平分，设立鄂博为界；察罕鄂拉之卡伦鄂博至额尔古纳河岸蒙古卡伦鄂博以外，就近前往两国之人，妥商设立鄂博为界。恰克图、鄂尔怀图两中间立为疆界：自鄂博向西，鄂尔怀图山、特们库朱浑、毕齐克图、胡什古、卑勒苏图山、库克齐老图、黄果尔鄂博、永霍尔山、博斯口、贡赞山、胡塔海图山、蒯梁、布尔胡图岭、额古德恩昭梁、多什图岭、克色讷克图岭、固尔毕岭、努克图岭、额尔寄克塔尔噶克台干、托罗斯岭、柯讷满达、霍尼音岭、柯木柯木查克博木、沙毕纳依岭，以此梁从中平分为界。其间如横有山、河，即横断山、河，平分为界；由沙毕纳依岭至额尔古纳河岸，阳面作为中国，阴面作为俄国。将所分地方，写明绘图，两国所差之人互换文书，各给大臣等。此界已定，两国如有属下不肖之人，偷入游牧，占踞地方，盖房居住，查明各自迁回本处。两国之人如有互相出入杂居者，查明各自收回居住，以静疆界。两边各取五貂之乌梁海，各本主仍旧存留；彼此越取一貂之乌梁海，自定疆界之日起，以后永禁各取一貂。照此议定完结，互换证据。

第四条　按照所议，准其两国通商。既已通商，其人数仍照原定，不得过二百人，每间三年进京一次。除两国通商外，有因在两国交界处所零星贸易者，在色楞额之恰克图、尼布朝之本地方，择好地建盖房屋，情愿前往贸易者，准其贸易。周围墙垣、栅子酌量建造，亦毋庸取税。均指令由正道行走，倘或绕道，或有往他处贸易者，将其货物入官。

第五条　在京之俄馆，嗣后仅止来京之俄人居住，俄使请造庙宇，中国办理俄事大臣等帮助于俄馆盖庙。现在住京喇嘛一人，复议补遣三人，于此庙居住，俄人照伊规矩，礼佛念经，不得阻止。

第六条　送文之人俱令由恰克图一路行走，如果实有紧要事件，准其酌量抄道行走，倘有意因恰克图道路弯远，特意抄道行走者，边界之汗王等、俄国之头人等，彼此咨明，各自治罪。

第七条　乌带河等处，前经内大臣松会议，将此地暂置为两闲之地，嗣后或遣使，或行文定议等语在案。今定议：你返回时，务将你们人严禁，倘越境前来，被我们人拏获，必加惩处；倘我们人有越境前去者，你们亦加惩处。此乌带河等处地方，既不能议，仍照前暂置为两闲之地，你们人亦不可占据此等地方。

第八条　两国头人，凡事秉公迅速完结，倘有怀私诿卸贪婪者，各按国法治罪。

第九条　两国所遣送文之人既因事务紧要，则不得稍有耽延推诿。嗣后如彼此咨行文件，有勒背差人，并无回咨，耽延迟久，回信不到者，既与两国和好之道不符，则使臣难以行商，暂为止住，俟事明之后，照旧通行。

第十条　两国嗣后于所属之人，如有逃走者，于拏获地方，即行正法。如有持械越境杀人、行窃者，亦照此正法。如无文据而持械越境，虽未杀人，行窃，亦酌量治罪。军人逃走或携主人之物逃走者，于拏获地方，中国之人，斩；俄国之人，绞；其物仍给原主。如越境偷窃驼只、牲畜者，一经拏获，交该头人治罪；其罪初犯者，估其所盗之物价值，罚取十倍，再犯者，罚取二十倍，三次犯者，斩。凡边界附近打猎，因图便宜，在他人之处偷打，除将其物入官外，亦治其罪，均照俄使所议。

第十一条　两国相和益坚之事既已新定，与互给文据，照此刊刻，晓示在边界诸人。雍正五年九月初七日定界时所给萨瓦文书，亦照此缮。

附录4　1851年《中俄伊犁塔尔巴哈台通商章程》

　　一八五一年八月六日，咸丰元年七月初十日，俄历一八五一年七月二十五日，伊犁。

大清国总统伊犁等处将军、参赞大臣；

俄罗斯国使臣；

　　各遵旨在伊犁地方，公同会议伊犁、塔尔巴哈台两处通商各章程，开列于后：

　　第一条　两国议定，通商之后，各谕属下人等，安静交易，以敦和好。

　　第二条　两国商人互相交易，虽系自定价值，不能不为之设官照管，中国由伊犁营务处派员，俄罗斯国专派管贸易之匡苏勒官照管。遇有两边商人之事，各自秉公办理。

　　第三条　通商原为两国和好，彼此两不抽税。

　　第四条　俄罗斯国商人前来贸易，由该头人带领到中国伊犁博罗霍吉尔卡伦、塔尔巴哈台乌占卡伦，必须有俄罗斯国执照呈坐卡官照验，由坐卡官将人数及货物数目声明转报，派拨官兵沿卡照料护送。彼此不得互相刁难。

　　第五条　俄商往来，均由预定卡伦，按站行走，以便沿卡官兵照护。

　　第六条　俄罗斯商人在中国伊犁博罗霍吉尔卡伦外、塔尔巴哈台乌占卡伦外行走，倘有夷匪抢夺等事，中国概不经管。自入卡伦及在贸易亭居住，所有带来货物系在该商人房内收存，各自小心经管；其驼马、牲畜在滩牧放，尤宜各自留心看守。倘有丢失，立即报知中国官员。两边官员公同查看来去踪迹，如有在中国所属民人庄院，或将行窃之人立即拿获，尽数搜出实在原窃赃物给还外，并将行窃之人严行惩办。

　　第七条　两边商人遇有争斗小事，即著两边管贸易官员究办。倘遇人命重案，即照恰克图现办之例办理。

　　第八条　俄罗斯商人每年前来贸易，定于清明后入卡，冬至即停止。倘于定限之内其货物尚未卖完，听该商人在此居住，售卖完竣时，由俄罗斯管贸易官饬令旋回。其往来货物、驼驮，如不敷二十匹头，不准其往来行走。至匡苏勒官员或商人遇有事故，专派人出卡，每月只准两次，以免沿卡官兵照护之累。

第九条　俄罗斯商人前来贸易亭居住，自有俄罗斯管贸易官管束；两国商人交易之事自行往来贸易。如俄罗斯商人前往街市，必由俄罗斯管贸易官给予执照，方准前往，不得任意出外。如无执照者，即送俄罗斯管贸易官究办。

第十条　两边为匪逃逸人犯，彼此均不准容留，务须严行查拿，互相送交，各自究办。

第十一条　俄罗斯商人前来，必有骑驼、牲畜，即在指定伊犁河沿一带自行看牧。其塔尔巴哈台，亦在指定有草地方牧放，不得践踏田苗、坟墓。倘有违犯者，即交俄罗斯管贸易官究办。

第十二条　两国商人交易，不准互相赊欠。倘有不遵定议致有拖欠者，虽经告官，不为准理。

第十三条　俄罗斯商人前来贸易，存货、住人必需房屋，即在伊犁塔尔巴哈台贸易亭，就近由中国指定一区，令俄罗斯商人自行盖造，以便住人、存货。

第十四条　俄罗斯商人依俄罗斯馆之教，在自住房内礼拜天主，听其自便。至俄罗斯商人有在伊犁塔尔巴哈台病故者，即在伊犁塔尔巴哈台城外指给旷地一区，令其埋葬。

第十五条　俄罗斯商人带来羊只，每十只内官买二只，每羊一只给布一疋；其余一切货物，均在贸易亭听两国商人自行定价，概不由官经管。

第十六条　两国彼此遇有往来寻常事件行文时，中国用伊犁将军所属营务处图记，俄罗斯国用管两边大臣所属营务处图记。

第十七条　此次议定一切章程互相给予凭文。中国缮写清字四张，钤用伊犁将军印信，俄罗斯国缮写俄罗斯字四张，用使臣图记。中国伊犁将军衙门，俄罗斯使臣各收存一分，永远遵行外，其余各二份，咨送理藩院、萨那特衙门，互相钤用印信，彼此咨换，各收存一份。

以上中国伊犁将军、参赞大臣，俄罗斯使臣议定章程，各钤印画押收存。

附注

本章程见《咸丰条约》，卷1，第19-21页。俄文本及法文译本见《俄外部：俄华条约集》，第96-102页；满文本见同书，第103-109页。

附录5 1858年《中俄天津条约》

一八五八年六月十三日，咸丰八年五月初三日，俄历一八五八年六月一日，天津。

大清国大皇帝，大俄罗斯国大皇帝依木丕业拉托尔明定两国和好之道及两国利益之事另立章程十二条。

大清国大皇帝钦差东阁大学士总理刑部事务桂良、吏部尚书镶蓝旗汉军都统花沙纳为全权大臣。

大俄罗斯国大皇帝特简承宣管带东海官兵战船副将军御前大臣公普提雅廷为全权大臣。

两国大臣各承君命，详细会议，酌定十二条，永遵勿替。

第一条 大清国大皇帝、大俄罗斯大皇帝今将从前和好之道复立和约，嗣后两国臣民不相残害，不相侵夺，永远保护，以固和好。

第二条 议将从前使臣进京之例，酌要改正。嗣后，两国不必由萨那特衙门及理藩院行文，由俄国总理各国事务大臣或径行大清之军机大臣，或特派之大学士，往来照会，俱按平等。设有紧要公文遣使臣亲送到京，交礼部转达军机处。至俄国之全权大臣与大清之大学士及沿海之督抚往来照会，均按平等。两国封疆大臣及驻扎官员往来照会，亦按平等。俄国酌定驻扎中华海口之全权大臣与中国地方大员及京师大臣往来照会，均照从前各外国总例办理。遇有要事，俄国使臣或由恰克图进京故道，或由就近海口，预日行文，以便进京商办。使臣及随从人等迅速顺路行走，沿途及京师公馆派人妥为预备。以上费用均由俄国经理，中国毋庸预备。

第三条 此后除两国旱路于从前所定边疆通商外，今议准由海路之上海、宁波、福州府、厦门、广州府、台湾、琼州府第七处海口通商。若别国再有在沿海增添口岸，准俄国一律照办。

第四条 嗣后，陆路前定通商处所商人数目及所带货物并本银多寡，不必示以限制。海路通商章程，将所带货物呈单备查，抛锚寄碇一律给价，照定例上纳税课等事，俄国商船均照外国与中华通商总例办理。如带有违禁货物，即将该商船所有货物概行查抄入官。

第五条　俄国在中国通商海口设立领事官。为查各海口驻扎商船居住规矩，再派兵船在彼停泊，以资护持。领事官与地方官有事相会并行文之例，盖天主堂、住房并收存货物房间，俄国与中国会置议买地亩及领事官责任应办之事，皆照中国与外国所立通商总例办理。

第六条　俄国兵、商船只如有在中国沿海地方损坏者，地方官立将被难之人及载物船只救护，所救护之人及所有物件，尽力设法送至附近俄国通商海口，或与俄国素好国之领事官所驻扎海口，或顺便咨送到边，其救护之公费，均由俄国赔还。俄国兵、货船只在中国沿海地方，遇有修理损坏及取甜水、买食物者，准进中国附近未开之海口，按市价公平买取，该地方官不可拦阻。

第七条　通商处所俄国与中国所属之人若有事故，中国官员须与俄国领事官员，或与代办俄国事务之人会同办理。

第八条　天主教原为行善，嗣后中国于安分传教之人，当一体矜恤保护，不可欺侮凌虐，亦不可于安分之人禁其传习。若俄国人有由通商处所进内地传教者，领事官与内地沿边地方官按照定额查验执照，果系良民，即行画押放行，以便稽查。

第九条　中国与俄国将从前未经定明边界，由两国派出信任大员秉公查勘，务将边界清理补入此次和约之内。边界既定之后，登入地册，绘为地图，立定凭据，俾两国永无此疆彼界之争。

第十条　俄国人习学中国汉、满文义居住京城者，酌改先时定限，不拘年份。如有事故，立即呈明行文本国核准后，随办事官员迳回本国，再派人来京接替。所有驻京俄国之人一切费用，统由俄国付给，中国毋庸出此项费用。驻京之人及恰克图或各海口往来京城送递公文各项人等路费，亦由俄国付给。中国地方官于伊等往来之时程途一切事务，务宜妥速办理。

第十一条　为整理俄国与中国往来行文及京城驻居俄国人之事宜，京城、恰克图二处遇有往来公文，均由台站迅速行走，除途间有故不计外，以半月为限，不得迟延耽误，信函一并附寄。再运送应用物件，每届三个月一次，一年之间分为四次，照指明地方投递，勿致舛错。所有驿站费用，由俄国同中国各出一半，以免偏枯。

第十二条　日后大清国若有重待外国通商等事，凡有利益之处，毋庸再议，即与俄国一律办理施行。

以上十二条，自此次议定后，将所定和约缮写二份。大清国圣主皇帝裁定，大俄罗斯国圣主皇帝裁定之后，将谕旨订立和书，限一年之内两国换交于京，永远遵守，两无违背。今将两国和书用俄罗斯并清、汉字体抄写，专以清文为主。由二国钦差大臣手书画押，钤用印信，换交可也，所议条款望照中国清文办理。

大清国钦差全权大臣大学士桂良

大清国钦差全权大臣尚书花沙纳

大俄罗斯国钦差全权大臣普提雅廷

咸丰八年五月初三日

一千八百五十八年伊云月初一日

附注

本条约见《咸丰条约》，卷3，第15－19页。俄文本及法文译本见《俄外部：俄华条约集》，第123－130页；两种满文本均见同书，第131－152页。

本条约于一八五八年六月二十三日在天津交换批准。

附录6 1860年《中俄北京条约》

一八六○年十一月十四日，咸丰十年十月初二日，俄历一八六○年十一月二日，北京。

清朝皇帝与大俄罗斯帝国沙皇详细检阅早年所立和约，议定数条以固两国和好、贸易相助及预防疑忌争端，所以，大清国钦派内大臣全权和硕恭亲王奕訢，大俄罗斯国派出钦差内大臣伊格那季耶夫，付与全权，该大臣等各将本国钦派谕旨互阅后，会议酌定数条如下：

第一条 决定详明一千八百五十八年玛乙月十六日（即咸丰八年四月二十一日）在瑷珲城所立和约之第一条，遵照是年伊云月初一日（即五月初三日）在天津地方所立和约之第九条，此后两国东界定为由什勒喀、额尔古纳两河会处，即顺黑龙江下流至该江、乌苏里河会处。其北边地，属俄罗斯国，其南边地至乌苏里河口，所有地方属中国。自乌苏里河口而南，上至兴凯湖，两国以乌苏里及松阿察二河作为交界。其二河东之地，属俄罗斯国；二河西属中国。自松阿察河之源，两国交界逾兴凯湖直至白棱河；自白棱河口顺山岭至瑚布图河口，再由瑚布图河口顺珲春河及海中间之岭至图们江口，其东皆属俄罗斯国；其西皆属中国。两国交界与图们江之会处及该江口相距不过二十里。且遵天津和约第九条议定绘画地图，内以红色分为交界之地，上写俄罗斯国阿、巴、瓦、噶、达、耶、热、皆、伊、亦、喀、拉、玛、那、倭、怕、啦、萨、土、乌等字头，以便易详阅。其地图上必须两国钦差大臣画押钤印为据。上所言者，乃空旷之地。遇有中国人住之处及中国人所占渔猎之地，俄国均不得占，仍准由中国人照常渔猎。从立界牌之后，永无更改，并不侵占附近及他处之地。

第二条　西疆尚在未定之交界，此后应顺山岭、大河之流及中国常驻卡伦等处，及一千七百二十八年，即雍正六年所立沙宾达巴哈之界牌末处起，往西直至斋桑淖尔湖，自此往西南顺天山之特穆尔图淖尔，南至浩罕边界为界。

第三条　嗣后交界遇有含混相疑之处，以上两条所定之界作为解证。至东边自兴凯湖至图们江中间之地，西边自沙宾达巴哈至浩罕中间之地设立界牌之事，应如何定立交界，由两国派出信任大员秉公查勘。东界查勘，在乌苏里河口会齐，于咸丰十一年三月内办理。西界查勘，在塔尔巴哈台会齐商办，不必限定日期。所派大员等遵此约第一、第二条，将所指各交界作记绘图，各书写俄罗斯字二分，或满洲字或汉字二分，共四分。所作图记，该大员等画押用印后，将俄罗斯字一分，或满或汉字一分，共二分，送俄罗斯收存；将俄罗斯字一分，或满或汉字一分，送中国收存。互换此记文、地图，仍会同具文，画押用印，当为补续此约之条。

第四条　此约第一条所定交界各处，准许两国所属之人随便交易，并不纳税。各处边界官员护助商人，按理贸易。其瑷珲和约第二条之事，此次重复申明。

第五条　俄国商人，除在恰克图贸易外，其由恰克图照旧到京，经过库伦、张家口地方，如有零星货物，亦准行销。库伦准设领事官一员，酌带数人，自行盖房一所，在彼照料。其地基及房间若干，并喂养牲畜之地，应由库伦办事大臣酌核办理。中国商人愿往俄罗斯国内地行商亦可。俄罗斯国商人，不拘年限，往中国通商之区，一处往来人数通共不得过二百人，但须本国边界官员给予路引，内写明商人头目名字、带领人多少、前往某处贸易、并买卖所需及食物、牲口等项。所有路费、由该商人自备。

第六条　试行贸易，喀什噶尔与伊犁、塔尔巴哈台一律办理。在喀什噶尔，中国给予可盖房屋、建造堆房、圣堂等地，以便俄罗斯国商人居住，并给予设立坟茔之地，并照伊犁、塔尔巴哈台，给予空旷之地一块，以便牧放牲畜。以上应给各地数目，应行文喀什噶尔大臣酌核办理。其俄国商人在喀什噶尔贸易物件，如被卡外之人进卡抢夺，中国一概不管。

第七条 俄罗斯国商人及中国商人至通商之处，准其随便买卖，该处官员不必拦阻。两国商人亦准其随意往市肆铺商零发买卖，互换货物。或交现钱，或因相信赊账俱可。居住两国通商日期，亦随该商人之便，不必定限。

第八条 俄罗斯国商人在中国，中国商人在俄罗斯国，俱仗两国扶持。俄罗斯国可以在通商之处设立领事官等，以便管理商人，并预防含混争端。除伊犁、塔尔巴哈台二处外，即在喀什噶尔库伦设立领事官。中国若欲在俄罗斯京城或别处设立领事官，亦听中国之便。两国领事官各居本国所盖房屋，如愿租典通商处居人之房，亦任从其便，不必拦阻。两国领事官及该地方官相交行文，俱照天津和约第二条平行。凡两国商人遇有一切事件，两国官员商办；倘有犯罪之人，照天津和约第七条，各按本国法律治罪。两国商人，遇有发卖及赊欠含混相争大小事故，听其自行择人调处，俄国领事官与中国地方官止可帮同和解，其赊欠账目不能代赔。两国商人在通商之处，准其预定货物、代典铺房等事，写立字据，报知领事官处及该地方官署。遇有不按字据办理之人，领事官及该地方官令其照依字据办理。其不关买卖，若系争讼之小事，领事官及该地方官会同查办，各治所属之人之罪。俄罗斯国人私住中国人家或逃往中国内地，中国官员照依领事官行文查找送回。中国人在俄罗斯国内地，或私住、或逃往，该地方官亦当照此办理。若有杀人、抢夺、重伤、谋杀、故烧房屋等重案，查明系俄罗斯国人犯者，将该犯送交本国，按律治罪；中国人犯者，或在犯事地方，或在别处，俱听中国按律治罪。遇有大小案件，领事官与地方官各办各国之人，不可彼此安拿、存留、查治。

第九条 买卖比前较大，且又新立交界，所以早年在尼布楚、恰克图等处所立和约及历年补续诸条，情形多有不同，两国交界官员往来行文查办所起争端时，势亦不相合，所以从前一切和约有应改之处，应另立新条如下：向来仅止库伦办事大臣与恰克图固毕尔那托尔及西悉毕尔总督与伊犁将军往来行文，办理边界之事。自今此外拟增阿穆尔省及东海滨省固毕尔那托尔，遇有边界事件，与黑龙江及吉林将军往来行文。恰克图之事由恰克图边界廓米萨尔与恰克图部员往来行文，俱按此约第八条规模。该将军、总督等往来行文，俱按天津第二条和约，彼此平等，且所行之文，若非所应办者，一概不管。遇有边界紧要之事，由东悉毕尔总督行文军机处或理藩院办理。

第十条 查办边界大小事件，俱照此约第八条，由边界官会同查办；其审讯两国所属之人，俱照天津和约第七条，各按本国法律治罪。遇有牲畜或自逸越边界，或被诱取，该处官员一经接得照会，即行派人寻找，并将踪迹示知卡伦官兵。其系逸越寻获者，或系被抢查出，牲畜俱依照会之数，将所失之物寻获，立即送还；如无原物，即照例计赃定罪，不管赔偿。

如有越边逃人，一经接得照会，即设法查找。找获时，送交近处边界官员，并将逃人所有物件一并送回；其缘何逃走之处，由该国官员自行审办。解送时，沿途给与饮食，如无衣，给衣，不可任令兵丁将其凌虐。如尚未接得照会，查获越边之人，亦即照此办理。

第十一条　两国边界大臣彼此行文，交官员转送，必有回投。东悉毕尔总督、恰克图固毕尔那托尔行文，送交恰克图廓米萨尔转送部员；库伦办事大臣行文，即交部员，转送恰克图廓米萨尔。阿穆尔省固毕尔那托尔行文，送交瑷珲副都统转送；黑龙江将军、吉林将军行文，亦送交该副都统转送。东海滨省固毕尔那托尔与吉林将军彼此行文，俱托乌苏里、珲春地方卡伦官员转送。西悉毕尔总督与伊犁将军行文，送交伊犁俄罗斯领事官转送。遇有重大紧要事件，必须有人传述东西悉毕尔总督、固毕尔那托尔等，库伦办事大臣、黑龙江、吉林、伊犁等处将军行文，交俄罗斯国可靠之员亦可。

第十二条　按照天津和约第十一条，由恰克图至北京，因公事送书信，因公事送物件，往返限期，开列于后：书信，每月一次；物件、箱子、自恰克图至北京，每两个月一次，自北京往恰克图，三个月一次。送书信，限期二十日；送箱子，限期四十日。每次箱子数目，至多不得过二十只；每只份量，至重不得过中国一百二十斤之数。所送之信。必须当日传送，不得耽延，如遇事故，严行查办。由恰克图往北京，或由北京往恰克图，送书信、物件之人必须由库伦行走，到领事官公所，如有送交该领事官等书信、物件，即便留下，如该领事官等有书信、物件，亦即带送。送箱只时，开写清单，自恰克图及库伦知照库伦办事大臣；自北京送时，报知理藩院。单上注明何时起程、箱只数目、份量多少及每箱分量。于封皮上按俄罗斯字翻出蒙古字或汉字，写明分量、数码。若商人为买卖之事，送书信、物箱，愿自行雇人，另立行规，准其预先报明该处长官允行后照办，以免官出花费。

第十三条　大俄罗斯国总理各外国事条大臣与大清国军机处互相行文，或东悉毕尔总督与军机处及理藩院行文，此项公文照例按站解送，并不拘前定时日亦可。设有重要事件，恐有耽误，即交俄国可靠之员速送。大俄罗斯国钦差大臣居住北京时，遇有紧要书信，亦由俄国自行派员解送。该差派送文之人，行至何处，不可使其耽延等候。所派送文之员必系俄罗斯国之人。派员之事，在恰克图由廓米萨尔前一日报明部员；在北京由俄罗斯馆前一日报明兵部。

第十四条　日后如所定陆路通商之事内设有彼此不便之处，由东悉毕尔总督会同中国边界大臣酌商，仍遵此次议定章程办理，不得节外生枝。至天津所定和约第十二条，亦应照旧，勿再更张。

第十五条　合同商定后，大清国钦派大臣将此约条规原文译出汉字，画押用印，交付大俄罗斯国钦差大臣一份；大俄罗斯国钦差内大臣亦将此条规原文译出汉字，画押用印，交付大清国钦差大臣一份。

此次条款，从两国钦差大臣互换之日起，与天津和约一体永遵勿替。两国大皇帝互换和约后，各将此和约原文晓谕各处应办事件地方。

大清国钦派全权内大臣和硕恭亲王

大俄罗斯国钦差全权内大臣伊格那季耶夫

咸丰十年十月初二日

一千八百六·〇年诺雅卜尔月初二日

附注

本条约见《咸丰条约》，卷7，第8-15页。俄文本及法文译本见《俄外部：俄华条约集》，第158-173页。

本条约原称为《照依前换和约拟定条约》，一般简称为《北京条约》。

附录7　1862年中俄《陆路通商章程》的议定

【同治元年】总理各国事务恭亲王等奏：查俄国条约第四条内载，海陆通商上纳税课等事，俄国商船均照各国与中华通商总例办理。又续约第五款内载，俄国商人除在恰克图贸易外，其由恰克图照旧到京经过之库伦论、张家口地方，如有零星货物，亦准行销各等语。上年春间，该国以条约内有"照旧到京"字样，坚请京城通商，经臣等极力阻止，始行改赴天津贸易。其所以欲入内地贸易之故，实以华商在与彼交易，诸多勒索欺负，彼心不甘，是以自欲运货入内地贸易。惟俄国地处西北，甚至中国贸易者，大半均由陆路行走，其经过之恰克图、库伦、张家口、通州等处，既经行销货物，则应纳税课不能不议定妥善章程。而该公使坚称陆运费用较重，断难照各海口总例一律办理；并据该使照会内称，拍帮办大臣格凌喀酌议税则，请臣等亦派一大臣在京共议。臣等以税务均非素谙，因令其赴津与三口通商大臣崇厚另议，而该使又以崇厚系管理北洋三口，自库伦等处至津各关卡，并非该大臣兼管，必欲于臣等将大概章程议定后，始派天津领事官与崇厚再将详细章程复议。该公使与臣等初议，意欲纳税从轻，蒙古地方则随处可去，张家口则设立行栈，经过关隘则处处免其稽查。

　　臣等伏查俄国商人向在恰克图等处边界贸易，必须华商转运茶叶至恰克图与俄商彼此换货，是茶叶实为北口外华商一大生计。今既准其进口贸易，若不照洋税从重征收，则华商之生计顿减，即各口之税课有亏。又查库伦一带为蒙古错居之地，其为库伦大臣所属者，向止车臣汗、图什尔图汗、两爱曼等处，此外蒙古各游牧处所，地方辽阔，部落繁多，均非库伦大臣所属。若照内地章程准令俄商随地贸易，不特稽查难周，且设有抢掳案件，该大臣亦不能遥为办理。又查张家口为五方难处之地，距京不及四百里，若准俄商在彼设立行栈，势必致俄人日聚日多，历久恐或酿成心腹之患。况陆路运货随时随地均可往来，若不设法严防，不惟易于偷漏，且恐近畿要地，滋蔓堪虞。是以臣等与俄国初议章程时，原疑征税从重，蒙古地不准任意行走，张家口不准设立行栈，陆路通商如处处皆有稽查，方能与之定议。无如臣等从上年春间起，与俄国公使巴留捷克等往返商议，不下数十次，始而该国欲于古北口、独石口任意行走，继而张家口欲多留货物行销，并欲设立行栈及领事官。至于征纳税课，该国深知华商应交之正税甚轻，必欲援照华商办理，且自口至津各关隘不顾中国官吏认真盘查。臣等与之反复争议，几至舌敝唇焦，而该使于一字一句之间，利己者益之，不利己者去之，是以经屡易，数月之久不能定妥。诚以该国之愿望太奢，臣等实有不敢过事就故也。

　　迨本年正月间，该国公使复与臣等重加斟酌，见臣等力持定议，该国始允进出货物照华税从重征收，张家口不再设立行栈及领事官，其陆路行走亦任凭中国官吏盘查，均照臣等原议。惟蒙古地方贸易一节，该国则必欲随意行走，且声称俄商私与蒙古贸易已经有年。臣等与之再三辩论，该公使坚持如前，几至决裂。臣等公同商酌，值此四方多故，自不便因此一节至启事端。因查蒙古各部落，中国实有设官不设官之分，其设官至蒙古地方，如伊犁、乌里雅苏台、科布多、库伦等处，皆有将军大臣驻扎，如俄商前往贸易，自当能设法稽查，因准其持照前往贸易；此外未设官之蒙古地方，如俄商前往贸易，设有事端，应与中国无涉。反复驳斥，该公使始将此大意写入章程内，与臣等酌议，定出陆路通商章程二十一款。内如蒙古地方只准前往中国所属设官之蒙古贸易；张家口地方只准酌留货物十分之二，不得设立行栈；俄商运俄货至张家口或天津，进口正税只准照各国税则酌减三分之一；由南省海口运货至天津，令交一复进口半税；在天津通州买土货，令交一正税；在张家口买土货，令交一半税；往来运货，令领取盖印执照，均限六个月内缴销。是皆与无可禁止之中暗寓防闲之法，虽不能尽去弊端，然已较之该国原议，稍有限制。

臣等拟即照此先行试办，并于条款内声明五年后再议，仍恐税务未谙，疏于防范，将条款咨送户部详为复议。旋据户部复称，均属妥密周详。臣等因于二月初四日与巴使将汉字俄字章程各一分，画押盖印，应即行知各处地方官遵照办理。至于详细章程，应由崇厚就近与俄国天津领事官孟第妥议，续入章程之后。

御批："依议"。

（筹办夷务始末，同治朝，卷4，第33-36页。）

附录8　1869年中俄《陆路通商章程》的改订

【同治八年七月】己亥，总理各国事务恭亲王等奏：臣衙门于同治元年二月间，奏准与俄国陆路通商二十二，原议试行三年，有应行更改之处，再行复辩。迨至四年二月，三年期满，即据该国使臣照会议改，开列多，跡涉要求，大率惟利是图，而以张家口任便通商为最重。经臣等多次辩驳，仅允其天津免纳复进口半税，余仍展至二年后再行商办，于五年二月间奏闻在案。六年夏间，该使复申前说，仍注意于张家口，欲于该处立领事官，开设行栈。臣等当以张家口非边界地方可比，则密而几封之地，又添一口岸，其疑于华商生计者患尤浅，其于内地边防者患实深。是以该使之请愈坚，臣等之拒愈力，往返争执，舌敝唇焦，两年以来，相持未决。

本年三月间，该使臣倭良嘎哩议欲回国，复执前说与臣等婉商。臣等公同商酌，会经议定试办年满，即应修改，逾期仍复不办，则是有意失信，殊不足以睦邻交，因即允将未便之处酌改。改使随呈议改处，惟俄商路经张家口款内删去"不得设立行栈"六字；其次则于张家口货物，原系"酌留十分之二"，改为"酌留若干"。又于俄商赴蒙古贸易删去"小本营生"四字，另添出"行抵中国第一关卡"一语。又于绕越偷卖应行罚办之处，避重就轻；又于贩买他国之货由陆路回国，欲将他国所交之半税存票还给俄商。其他字句，间有删订。总之有利可图之事，不及极力搜求。

臣等伏思俄患不在商务而在边界，商务所在尚可通融，边界所关尤应杜绝；必有益于该国者，可允则允，庶有益于中国者，可争则争。如张家口开设行栈，势必屯聚货物，汇集多人，隐患须防，不可不慎。臣等因于该使臣再三辩论，不惟不准其删去此款内"不得设立行栈"六字，并于其上添写"不得设立领事官"，此较旧章加密者也。至张家口前已准其销售货物，多寡似不可拘，故旧章"酌留十分之二"，今改为"酌留若干"，以便商情。其第二款删去"小本营生"四字，以及应行罚办之处避重就轻，亦无非图得小利之意，不得不为通融。他如张家口酌留之货，复令其交一正税，又于各国税则及俄国续增税则未载者，概令照英国《善后条约》值百抽五征收。此又有益于中国税务者也。至贩买他国之货给还半税存票一节，原恐条约内注明作为暂存，与各国议改后，再为照行。其余字句小有删改之处，均与该使臣斟酌妥协，彼此均于章程内画押。该使臣倭良嘎哩旋即回国，所有俄商赴蒙古各处贸易款内，添写"行至中国第一边卡"一语，出入边界路程，必应加意慎重，当与该使臣议明，此款虽经画押，仍须两国边界大员会定出入卡伦数处，以便稽查。兹据该国署使臣布策照会，所定陆路通商章程，本国今以复准，即祈定日盖印，择期开办。

除复令走奉谕旨定期盖印，并令先饬该国边界官，将出入处所与中国边界大臣迅速商定外，相应请旨饬下库伦大臣会同俄国边界官员，将应行出入卡伦处所议定，以便永远遵行。所有与俄使会议改定陆路通商章程二十二款，谨缮清单，恭呈御览。

御批：依议。

（筹办夷务始末，同治朝，卷67，第23-25页。）

附录9　1881年《中俄伊犁条约》（《圣彼得堡条约》）

一八八一年二月二十四日，光绪七年正月二十六日，俄历一八八一年二月十二日，圣彼得堡。

大清国大皇帝大俄国大皇帝愿将两国边界及通商等事于两国有益者，商定妥协，以固和好，是以特派全权大臣会同商定。大清国钦差出使俄国全权大臣一等毅勇侯大理寺少卿曾；大俄国钦差参政大臣署理总管外部大臣萨那尔特部堂格，参议大臣出使中国全权大臣布；两国全权大臣各将所奉全权谕旨互相校阅后，议定条约如左：

第一条　大俄国大皇帝允将一千八百七十一年，即同治十年，俄兵代收伊犁地方，交还大清国管属。其伊犁西边，按照此约第七条所定界址，应归俄国管属。

第二条　大清国大皇帝允降谕旨，将伊犁扰乱时及平靖后该处居民所为不是，无分民、教，均免究治，免追财产。中国官员于交收伊犁以前，遵照大清国大皇帝恩旨，出示晓谕伊犁居民。

第三条　伊犁居民或愿仍居原处为中国民，或愿迁居俄国入俄国籍者，均听其便。应于交收伊犁以前询明，其愿迁居俄国者，自交收伊犁之日起，予一年限期；迁居携带财物，中国官并不拦阻。

第四条　俄国人在伊犁地方置有田地者，交收伊犁后，仍准照旧管业。其伊犁居民交收伊犁之时入俄国籍者，不得援此条之例。俄国人田地在咸丰元年伊犁通商章程第十三条所定贸易圈以外者，应照中国民人一体完纳税饷。

第五条　两国特派大臣一面交还伊犁，一面接收伊犁，并遵照约内关系交收各事宜，在伊犁城会齐办理施行。该大臣遵照督办交收伊犁事宜之陕甘总督与土尔吉斯坦总督商定次序开办，陕甘总督奉到大清国大皇帝批准条约，将通行之事派委妥员前往塔什干城知照土尔吉斯坦总督。自该员到塔什干城之日起，于三个月内，应将交收伊犁之事办竣，能于先期办竣亦可。

第六条　大清国大皇帝允将大俄国自同治十年代收、代守伊犁所需兵费，并所有前此在中国境内被抢受亏俄商及被害俄民家属各案补之款，共银卢布九百万圆，归还俄国。自换约之日起，按照此约所附专条内载办法次序，二年归完。

第七条　伊犁西边地方应归俄国管属，以便因入俄籍而弃田地之民在彼安置。中国伊犁地方与俄国地方交界，自别珍岛山，顺霍尔果斯河，至该河入伊犁河汇流处，再过伊犁河，往南至乌宗岛山廓里扎特村东边。自此处往南，顺同治三年塔城界约所定旧界。

第八条　同治三年塔城界约所定斋桑湖迤东之界，查有不妥之处，应由两国特派大臣会同勘改，以归妥协，并将两国所属之哈萨克分别清楚。至分界办法，应自奎峒山过黑伊尔特什河至萨乌尔岭画一直线，由分界大臣就此直线与旧界之间，酌定新界。

第九条　以上第七、第八两条所定两国交界地方及从前未立界牌之交界各处，应由两国特派大员安设界牌。该大员等会齐地方、时日，由两国商议酌定。俄国所属之费尔干省与中国喀什噶尔西边交界地方，亦由两国特派大员前往查勘，照两国现管之界勘定，安设界牌。

第十条　俄国照旧约在伊犁、塔尔巴哈台、喀什噶尔、库伦设立领事官外，亦准在肃州（即嘉峪关）及吐鲁番两城设立领事。其余如科布多、乌里雅苏台、哈密、乌鲁木齐、古城五处，俟商务兴旺始由两国陆续商议添设。俄国在肃州（即嘉峪关）及吐鲁番所设领事官，于附近各处地方关系俄民事件，均有前往办理之责。按照一千八百六十年，即咸丰十年，北京条约第五、第六两条应给予可盖房屋、牧放牲畜、设立坟茔等地，嘉峪关及吐鲁番亦一律照办。领事官公署未经起盖之先，地方官帮同租觅暂住房屋。俄国领事官在蒙古地方及天山南北两路往来行路、寄发信函，按照天津条约第十一条、北京条约第十二条，可由台站行走。俄国领事官以此事相托，中国官即妥为照料。吐鲁番非通商口岸而设立领事，各海口及十八省、东三省内地，不得援以为例。

第十一条　俄国领事官驻中国，遇有公事，按事体之关系、案件之紧要及应如何作速办理之处，或与本城地方官，或与地方大宪往来，均用公文。彼此往来会晤，均以友邦官员之礼相待。两国人民在中国贸易等事，致生事端，应由领事官与地方官公同查办。如因贸易事务致启争端，听其自行择人从中调处，如不能调处完结，再由两国官员会同查办。两国人民为预定货物、运载货物、租赁铺房等事所立字据，可以呈报领事官及地方官处，应与画押盖印为凭。遇有不按字据办理情事，领事官及地方官设法务令照依字据办理。

第十二条　俄国人民准在中国蒙古地方贸易，照旧不纳税，其蒙古各处及各盟设官与未设官之处，均准贸易，亦照旧不纳税。并准俄民在伊犁、塔尔巴哈台、喀什噶尔，乌鲁木齐及关外之天山南北两路各城贸易，暂不纳税。俟将来商务兴旺，由两国议定税则，即将免税之例废弃。以上所载中国各处准俄民出入贩运各国货物，其买卖货物或用现钱，或以货相易俱可，并准俄民以各种货物抵账。

第十三条　俄国应设领事官各处及张家口，准俄民建造铺房、行栈，或在自置地方，或照一千八百五十一年，即咸丰元年，所定伊犁、塔尔巴哈台通商章程第十三条办法，由地方官给地盖房亦可。张家口无领事而准俄民建造铺房、行栈，他处内地不得援以为例。

第十四条　俄商自俄国贩货，由陆路运入中国内地者，可照旧经过张家口、通州前赴天津，或由天津运往别口及中国内地，并准在以上各处销售。俄商在以上各城、各口及内地置买货物，运送回国者，亦由此路行走。并准俄商前往肃州（即嘉峪关）贸易，货帮至关而止，应得利益照天津一律办理。

第十五条　俄国人民在中国内地及关外地方陆路通商，应照此约所附章程办理。此约所载通商各条及所附陆路通商章程，自换约之日起，于十年后，可以商议酌改；如十年限满前六个月未请商改，应仍照行十年。俄国人民在中国沿海通商，应照各国总例办理。如将来总例有应修改之处，由两国商议酌定。

第十六条　将来俄国陆路通商兴旺，如出入中国货物必须另定税则，较现在税则更为合宜者，应由两国商定，凡进口、出口之税均按值百抽五之例定拟。于未定税则以前，应将现照上等茶纳税之各种下等茶出口之税，先行分别酌减。至各种茶税，应由中国总理衙门会同俄国驻京大臣，自换约后一年内会商酌定。

第十七条　一千八百六十年，即咸丰十年，在北京所定条约第十条至今讲解各异，应将此条声明，其所载追还牲畜之意，作为凡有牲畜被人偷盗、诱取，一经获犯，应将牲畜追还，如无原物，作价向该犯追偿。倘该犯无力赔还，地方官不能代赔。两国边界官应各按本国之例，将盗取牲畜之犯严行究治，并设法将自行越界及盗取之牲畜追还。其自行越界及被盗之牲畜踪迹，可以示知边界兵并附近乡长。

第十八条　按照一千八百五十八年五月十六日，即咸丰八年，在瑷珲所定条约，应准两国人民在黑龙江、松花江、乌苏里河行船并与沿江一带地方居民贸易，现在复为申明。至如何照办之处，应由两国再行商定。

第十九条　两国从前所定条约未经此约更改之款，应仍旧照行。

第二十条　此约奉两国御笔批准后，各将条约通行晓谕各处地方遵照。将来换约应在森比德堡，自画押之日起以六个月为期。

两国全权大臣议定，此约备汉文、俄文、法文约本两分，画押盖印为凭，三国文字校对无讹，遇有讲论以法文为证。

光绪七年正月二十六日

一千八百八十一年二月十二日

订于森比德堡都城

专条：

按照中、俄两国全权大臣现在所定条约第六条所载，中国将俄兵代收、代守伊犁兵费及俄民各案补偿之款，共银卢布九百万圆，归还俄国，自换约之日起，二年归完。两国全权大臣议将此款交纳次序办法商定如左：

以上银卢布九百万圆，合英金镑一百四十三万一千六百六十四圆零二希令，匀作六次，除兑至伦敦汇费毋庸由中国付给外，按每次中国净交英金镑二十三万八千六百一十圆零十三希令八本士，付与伦敦城内布拉得别林格银号收领，作为每四个月交纳一次，第一次自换约后四个月交纳，末一次在换约后二年期满交纳。此专条应与载明现在所定条约无异，是以两国全权大臣画押、盖印为凭。

附注：

本条约及专条均见《光绪条约》，卷5，第15-21，30页。俄文本及法文本见《俄外部：俄华条约集》，第225-237页。

本条约于一八八一年八月十九日在圣彼得堡交换批准。①

---

① 该条约的订立，意味着张家口开埠之争基本结束。

参考文献

［1］B.C. 米亚斯尼科夫 . 19 世纪俄中关系：资料与文献［M］. 广州：广东人民出版社，2013：508-509.

［2］C.B. 奥孔 . 俄美公司［M］. 北京：商务印书馆，1982：8.

［3］G.F. 米勒 彼得·西蒙·帕拉斯 . 西伯利亚的征服和早期俄中交往：战争和商业史［M］. 北京：商务印书馆，1979：13.

［4］班思德 . 最近百年中国对外贸易史［M］. 上海：海关总税务司署统计科，1931：215.

［5］北京晋商博物馆 . 万里茶道［M］. 太原：山西人民出版社，2016:34.

［6］波兹德涅耶夫 . 蒙古与蒙古人［M］. 呼和浩特：内蒙古人民出版社，1983：103-104.

［7］查尔斯·佛维尔 . 西伯利亚之行［M］. 上海：上海人民出版社，1974：293-294.

［8］长江日报编辑部 . 重走中俄万里茶道［M］. 武汉：武汉出版社，2015：144.

［9］常士宣，常崇娟 . 万里茶路话常家［M］. 太原：山西经济出版社，2009:73，79，81，202.

［10］陈椽 . 茶叶通史［M］. 北京：中国农业出版社，2008：15.

［11］陈箓 . 驻扎库伦日记［M］. 上海：商务印书馆，1934：135.

［12］陈其田 . 山西票庄考略［M］. 上海：商务印书馆，1937：133-134.

［13］程光，盖强 . 晋商十大家族［M］. 太原:山西经济出版社，2008:32.

［14］程光，李绳庆 . 晋商茶路［M］. 太原：山西经济出版社，2008：67.

［15］崔满红 . 商业文明演进与晋商转型研究［M］. 北京：经济管理出版社，2008：96.

［16］戴啸洲 . 湖北羊楼峒之茶叶［J］. 国际贸易导报，1936（5）：5.

［17］邓九刚 . 万里茶道——康熙皇帝与彼得大帝的商贸往事［M］. 呼和

浩特：远方出版社，2016：98.

［18］董继斌，景占魁．晋商与中国近代金融［M］．太原：山西经济出版社，2002：54.

［19］杜家骥．杜家骥讲清代制度［M］．天津：天津古籍出版社，2014:218.

［20］范维令．万里茶道劲旅——祁县茶商［M］．太原：北岳文艺出版社，2017：187.

［21］费尔南·布罗代尔．十五至十八世纪的物质文明、经济和资本主义［M］．上海：三联书店，1993：508.

［22］风若非．清代榷关与北路贸易［M］．北京：中国社会科学出版社，2014：133.

［23］冯晓光．万里茶路源头羊楼洞解密［M］．武汉：华中师范大学出版社，2015：97.

［24］高春平．国外珍藏晋商资料汇编［M］．北京：商务印书馆，2013：74-75.

［25］高春平．晋商学［M］．太原：山西经济出版社，2009：213.

［26］高春平．晋商与明清山西城镇化研究［M］．太原：三晋出版社，2013：98.

［27］格·尔．十九世纪三十至五十年代的北京布道团与俄中贸易［J］．红档，1932（3）：154.

［28］葛贤慧．商路漫漫五百年［M］．武汉：华中理工大学出版社，1996：65.

［29］郭伟齐，董玉梅．汉口茶叶贸易的兴衰［J］．武汉文史资料，2000（11）：26-30.

［30］郭蕴深．中俄贸易史［M］．哈尔滨：黑龙江教育出版社，1995：92.

［31］韩小雄．晋商万里茶路探寻［M］．太原：山西人民出版社，2012：88.

［32］何炳贤．中国的国际贸易［M］．上海：商务印书馆，1937：397.

［33］何艳，任建国．关于华中金融中心和汉口金融集聚区的思考［M］．武汉：武汉出版社，2007：54.

［34］河南省文物建筑保护研究院．万里茶道河南段文化遗产调查与研究［M］．北京：文物出版社，2016：125.

［35］湖北省社会科学界联合会，武汉大学．"万里茶道与一带一路"五峰

学术会议专辑［M］.武汉：湖北人民出版社，2017：33.

［36］黄定天.中俄关系通史［M］.哈尔滨：黑龙江人民出版社，2013：61.

［37］黄鉴晖.明清山西商人研究［M］.太原：山西经济出版社，2008：192.

［38］黄鉴晖.山西票号史料［M］.太原：山西经济出版社，2002：466.

［39］黄鉴晖.中国钱庄史［M］.太原：山西经济出版社，2005：28.

［40］加利佩林.十八世纪至十九世纪上半叶的俄中贸易［J］.东方学问题，1959，46（5）：225.

［41］卡尔·马克思.俄国对华贸易［N］.纽约每日论坛报，1857-04-07.

［42］孔祥毅.金融贸易史论［M］.北京：中国金融出版社，1998：152-153.

［43］孔祥毅.金融票号史论［M］.北京：中国金融出版社，2003：69，163.

［44］孔祥毅.近代史上的山西商人和商业资本［M］.太原：山西人民出版社，1988：249-250.

［45］孔祥毅.晋商学［M］.北京：经济科学出版社，2008：51.

［46］孔祥毅.晋商与金融史论［M］.北京：经济管理出版社，2008：53.

［47］孔祥毅，陶宏伟.晋商案例精选［M］.北京：经济科学出版社，2008：353.

［48］雷麦.外人在华投资［M］.上海：商务印书馆，1953：424.

［49］李康华.中国对外贸易史简论［M］.北京：中国对外贸易出版社，1981：420.

［50］李伟丽，尼·雅.比丘林及其汉学研究［M］.北京：学苑出版社，2007：68.

［51］李伟丽.中国研究之集大成者——俄国汉学家：比丘林［N］.中国社会科学报，2016-09-05.

［52］李谓清.山西太谷银钱业之今昔［J］.中央银行月报，1937，6（2）：187-188.

［53］李希曾.晋商史料与研究［M］.太原：山西人民出版社，1996：241，243.

［54］李永福.山西票号研究［M］.北京：中华工商联合出版社，2007：38.

［55］刘建生，刘鹏生.晋商研究［M］.太原：山西人民出版社，2005：111.

［56］刘建生，刘鹏生.山西近代经济史［M］.太原：山西经济出版社，

1995：84.

[57] 刘晓航．穿越万里茶路［M］．武汉：武汉大学出版社，2015：133.

[58] 刘选民．中俄早期贸易考［J］．燕京学报，1939（25）：196-197.

[59] 吕妍．清代中俄恰克图边关互市始末［J］．西伯利亚研究，2002（3）：54-55.

[60] 米·约·斯拉德科夫斯基．俄国各民族与中国贸易经济关系史［M］．北京：社会科学文献出版社，2008：221，231.

[61] 米镇波．清代中俄恰克图边境贸易［M］．天津：南开大学出版社，2003：164.

[62] 穆雯瑛．晋商史料研究［M］．太原：山西人民出版社，2001：110.

[63] 彭从凯．中国古代茶法概述［M］．北京：中国文史出版社，2012：313.

[64] 彭信威．中国货币史［M］．上海：上海人民出版社，2015：505.

[65] 千家驹，郭彦岗．中国货币演变史［M］．上海：上海人民出版社，2005：221.

[66] 乔楠．清代山西经济集聚论［M］．北京：经济管理出版社，2008：78.

[67] 渠绍淼，庞义才．山西外贸志［M］．太原：山西省地方志编纂委员会办公室，1984：31，34.

[68] 山西财经大学晋商研究院．晋商研究早期论文集［M］．北京：经济管理出版社，2008：58.

[69] 山西财经大学晋商研究院．晋商与经济史研究［M］．北京：经济管理出版社，2008：125.

[70] 山西财经大学晋商研究院．晋商与中国商业文明［M］．北京：经济管理出版社，2008：29.

[71] 山西省史志研究院．山西通史［M］．太原：山西人民出版社，2001：56.

[72] 赊店历史文化研究会．中国历史文化名镇：赊店［M］．郑州：大象出版社，2005：139-141.

[73] 沈斌华．内蒙古经济发展史札记［M］．呼和浩特：内蒙古人民出版社，1982：125.

[74] 实业部国际贸易局．中国实业志·山西省·金融［M］．北京：经济

管理出版社，2008：111.

[75] 史若民，牛白琳．平、祁、太经济社会史料与研究 [M]．太原：山西古籍出版社，2002：134-135.

[76] 宋亚平．欧亚万里茶道及其源头 [M]．武汉：崇文书局，2015：67.

[77] 苏联科学院远东研究所，等．十七世纪俄中关系 [M]．上海：商务印书馆，1975：270.

[78] 孙长青．晋商学说史概论 [M]．北京：经济管理出版社，2008：23.

[79] 孙建中等．晋商北路贸易 [M]．太原：山西古籍出版社，2006：25，43.

[80] 孙丽萍．人物·晋商·口述史研究 [M]．太原：山西人民出版社，2011：261.

[81] 唐文基．16-18 世纪中国商业革命 [M]．北京：社会科学文献出版社，2008：98.

[82] 瓦西里·帕尔申．外贝加尔边区纪行 [M]．上海：商务印书馆，1976：53.

[83] 万清菊，巴志强．万里茶道与中国赊店 [M]．郑州：中州古籍出版社，2014：213.

[84] 王尚义．晋商商贸活动的历史地理研究 [M]．北京：科学出版社，2004：130.

[85] 王铁崖．中外旧约章汇编 [M]．上海：三联书店，1957：29，87.

[86] 王孝通．中国商业史 [M]．北京：团结出版社，2007：186.

[87] 王永亮．票号仿生论 [M]．北京：经济管理出版社，2008：110.

[88] 威廉·乌克斯．茶叶全书 [M]．北京：东方出版社，2011：165.

[89] 卫聚贤．山西票号史 [M]．重庆：说文社，1944：62，78.

[90] 伍湘安．晋茶商与安化黑茶 [A]//中国黑茶产业发展高峰论坛论文集 [C]．益阳：首届中国湖南黑茶文化节暨安化黑茶博览会，2009：144.

[91] 西林．俄中贸易关系——十八世纪的恰克图 [M]．伊尔库茨克：伊尔库茨克州出版社，1947：181.

[92] 肖坤冰．茶叶的流动 [M]．北京：北京大学出版社，2013：101.

[93] 严明清．洞茶与中俄茶叶之路 [M]．武汉：湖北人民出版社，2014：159-160.

[94] 严中平，等．马克思恩格斯论中国 [M]．北京：人民出版社，

1953：40.

　　［95］杨端六. 清代货币金融史稿［M］. 上海：三联书店，1962：125.

　　［96］杨端六. 清代货币金融史稿［M］. 武汉：武汉大学出版社，2007.

　　［97］姚贤镐. 中国对外贸易史资料（1840-1895）［M］. 北京：中华书局，
1962：1283.

　　［98］叶雄彪. 茶道万里行［M］. 福州：海峡文艺出版社，2016：217.

　　［99］贻谷. 等归绥道志［M］. 呼和浩特：远方出版社，2007：673-675.

　　［100］袁森坡. 论清代前期的北疆贸易［J］. 中国经济史研究，1990（2）：
41-70.

　　［101］张冰. 王西里《中国文学史纲要》在俄罗斯汉学中的地位和影响
［J］. 文化与诗学，2017（1）：315-334.

　　［102］张春岭，凌寒. 万里茶路枢纽［M］. 北京：中国地图出版社，2014:99.

　　［103］张巩德，张晓萍. 晋商谋略与百名晋商人物［M］. 太原：山西古籍
出版社，2004：66.

　　［104］张桂萍. 山西票号经营管理体制研究［M］. 北京：中国经济出版
社，2005：88.

　　［105］张国辉. 晚清钱庄和票号研究［M］. 北京：社会科学文献出版社，
2007：34.

　　［106］张家口日报社. 重走张库大道［M］. 北京：中国经济出版社，2012：97.

　　［107］张宁. 15-19 世纪中国货币流通变革研究［M］. 北京：中国社会科
学出版社，2018：98.

　　［108］张喜琴. 万里茶路［M］. 太原：山西教育出版社，2014：77.

　　［109］张亚兰. 中国对外金融关系史［M］. 北京：经济管理出版社，
2008：187.

　　［110］张正明，邓泉. 平遥票号商［M］. 太原：山西教育出版社，1997:43.

　　［111］张正明. 山西工商业史拾掇［M］. 太原：山西人民出版社，1987：
202-203.

　　［112］张正明，薛慧林. 明清晋商资料选编［M］. 太原：山西人民出版
社，1989：123，279.

　　［113］张正明，张舒. 晋商经营智慧［M］. 太原：山西经济出版社，
2015：211.

　　［114］张正明，张舒. 晋商兴衰史［M］. 太原：山西经济出版社，

2010：115.

[115] 赵荣达．晋商万里古茶路［M］．太原：山西古籍出版社，2006：27.

[116] 政协武汉市委员会文史学习委员会．武汉文史资料文库（工商经济）［M］．武汉：武汉出版社，1989：563.

[117] 中共赤壁市委宣传部，赤壁市文化体育和新闻出版局，赤壁市广播电影电视局，湖北赤壁茶文化研究院．欧亚万里茶路寻源羊楼洞传奇［M］．赤壁：赤壁市阳光印刷厂，2013：113.

[118] 中共中央马克思恩格斯列定斯大林著作编译局．马克思恩格斯全集［M］．北京：人民出版社，1962：140.

[119] 中国商业史学会明清商业史专业委员会．明清商业史研究［M］．北京：中国财政经济出版社，1998：70.

[120] 周建军．重走万里茶道［M］．北京：新华出版社，2015：156.

[121] 周重林．茶叶江山［M］．北京：北京大学出版社，2014：220.

[122] 邹全荣．万里茶道起点武夷山［M］．福州：福建教育出版社，2017：94.

[123] 左宝．"山西票号"与张家口［J］．文史月刊，2004（3）：53.

后 记

在现代经济、金融学领域不断推陈出新的时代，研究金融史，是一件需要耐得住寂寞的事情。很多时候，哪怕是金融学领域的个别学者也不大理解现代社会研究金融史有什么意义。

其实这也是我一直问自己的一个问题，研究金融史有什么意义？先前选择金融史作为博士专业，是因为兴趣，而成为一名大学老师、学者之后，研究就不能只停留于兴趣。学者应该输出思想，服务社会，才能让自身的所学和研究更有价值和意义。

感谢山西省高等学校人文社会科学重点研究基地项目给我这个机会，使我开启了"晋商万里茶路金融支持"这个研究，也感谢晋商研究院在本人申请项目前后给予的多次大力支持，尤其是张亚兰等晋商研究院的老师们给予我的无私帮助。我还记得晋商研究院组织大家赴张家口实地考察的经历，在那次考察中，我们接触到了来自宝岛台湾某个大学的学者，还有万里茶路最后的商人——常家的后人，并进行了座谈和交流。

在那一次考察中，本人收获良多，也感慨良多。晋商万里茶路的经营其实离我们并不遥远，茶路彻底结束到现在也不过一个世纪，可即便如此，当代人对那部分历史已经淡忘，甚至有时候还有误解。所以，其研究历史的意义，依然非常重要。

历史，是人类的记忆。忠实地传承历史，正确地解读历史，是我们这一代人应该承担的责任。另外，我们也可以从历史中总结出对当代人依然有用的经验与教训。

晋商在万里茶路经营中，其功绩和智慧令人赞叹，了解、分析、去总结，把这些智慧在当代发扬光大，依然有其现实意义。

也感谢我的家人对我学术研究的支持，为了收集一手资料，本人多次外出考察，赴万里茶路的部分重要城镇进行研究。很多次埋头学术研究，忽略了作为妻子和母亲的责任，但我的丈夫和孩子始终理解并支持我。

本书是晋商研究科研项目的一个成果，在创作过程中，本人开阔了思路，增进了学问，体会到了科研的乐趣，对今后在金融史领域的继续奋进充满了信心。

张宏彦

2020 年 10 月